RAMIRO A. CALLE

Cincuenta Cuentos
para
Meditar
y Regalar

editorial Sirio, s.a.

Diseño de portada: Editorial Sirio, S.A.

© Ramiro A. Calle, 2007

© de la presente edición
   EDITORIAL SIRIO, S.A.   Nirvana Libros S.A. de C.V.   Ed. Sirio Argentina
   C/ Panaderos, 9   3ª Cerrada de Minas, 501   C/ Paracas 59
   29005-Málaga   Bodega nº 8 , Col. Arvide   1275- Capital Federal
   España   Del.: Alvaro Obregón   Buenos Aires
                               México D.F., 01280   (Argentina)

www.editorialsirio.com
E-Mail: sirio@editorialsirio.com

I.S.B.N.: 978-84-7808-474-6
Depósito Legal: B-19.596-2007

Impreso en los talleres gráficos de Romanya/Valls
Verdaguer 1, 08786-Capellades (Barcelona)

Printed in Spain

INTRODUCCIÓN

$\mathcal{A}$ lo largo de más de treinta años y debido a mis cerca de cien de viajes a Oriente, he tenido ocasión de ir recopilando incesantemente narraciones espirituales que los maestros han ido transmitiendo a sus discípulos desde la noche de los tiempos. He seleccionado medio centenar para que el lector pueda reflexionar y meditar sobre ellas y, asimismo, regalárselas a otras personas, pues no hay presente más elevado y precioso que el que es portador no sólo de amor, sino también de sabiduría.

Estas significativas historias dicen en pocas palabras más que tratados enteros de metafísica o filosofía. Admiten diversas lecturas y también son comprensibles en mayor o menor profundidad dependiendo del grado de entendimiento y madurez espiritual del que las lee. No basta con leerlas una vez, sino que es mejor hacerlo más de una vez, y dejar que nos inspiren y que nos revelen lo que está más allá de las palabras y de los conceptos.

La lectura de estas historias nos permite disfrutar, pero además producen en nuestra alma «golpes de luz» que son también reveladores. Puede uno abrir el libro por cualquiera de sus hojas y gozar leyendo una y otra vez estas narraciones que, siendo tan antiguas, siempre parecen nuevas y predisponen nuestra mente hacia la reflexión lúcida, estimulando nuestro potencial interior transformativo.

Tan orientadoras son estas historias, y por lo general tan amenas e incluso divertidas, que toda clase de público conecta perfectamente con ellas, incluidos los niños de corta edad. Sé de muchos padres que habitualmente (¡qué bien hacen!) se las leen a sus hijos y las comentan con ellos; sé de maestros que las relatan a sus alumnos y de extraordinarias comunicadoras de la radiodifusión (como mis buenas amigas Rosa María Belda y María Quirós) que se sirven de ellas, con gran acierto, en muchos de sus programas.

Estas historias intemporales forman parte del patrimonio espiritual y cultural de la humanidad. Muchas de ellas surgieron en la India y luego se filtraron a otros muchos países de Oriente, para llegar en estos últimos años a Occidente y hacer las delicias de jóvenes y ancianos.

En esta misma editorial, he tenido ocasión de publicar ya varios volúmenes de cuentos, entre ellos: *Cuentos espirituales de la India*, *Cuentos espirituales del Tíbet*, *Cuentos espirituales del Himalaya* y *Cuentos espirituales de Oriente* y *Cuentos espirituales de la China*. Todos estos volúmenes han tenido una acogida formidable por parte del lector. En este libro incluyo narraciones no recogidas en las otras obras, seguidas de una reflexión que desencadenará otras muchas en el lector, por lo que de alguna manera autor y lector se sentirán muy cerca indagando conjuntamente en el amplio universo de los significados más profundos y los sentidos más elevados. Todas estas narraciones son una invitación a que despertemos en nosotros lo que hay de más hermoso y constructivo, y nos ofrecen, con su peculiar característica, claves para el entendimiento intuitivo y no solamente intelectivo, y «pistas» para poder seguir sin desfallecer por la senda hacia la libertad interior, cuyo eco de infinitud palpita en todo ser humano con intenciones nobles.

NOTA: Para contactar con el autor, dirígete a su centro de yoga en la calle Ayala 10, de Madrid, o a su página web: www.ramirocalle.com

El *B*orracho y la *C*ampana

Salió de la taberna dando tumbos y de vuelta a casa tenía que pasar por las puertas de un cementerio, en donde se podía ver un cartel que decía: «Toque la campana para avisar al vigilante». Era de madrugada y el beodo se puso a tocar sin parar la campana, formando un gran escándalo. Al poco tiempo llegó el vigilante, malhumorado, y se dirigió al borracho para pedirle explicaciones:

—¿Por qué demonios tiene que tocar la campana a esta hora de la noche?

Y el hombre ebrio, muy indignado, replicó:

—¿Y por qué tiene este cartel que obligarme a que toque la campana para avisar al vigilante?

REFLEXIÓN

Una de las funciones más preciosas de la mente humana es el discernimiento. Discernir quiere decir desvelar, y el discernimiento bien ejercitado y claro es el que nos ayuda a ver las cosas como son, a desvelar su esencia y a proceder en consecuencia. Cuando la conciencia está embotada y el discernimiento tiende a distorsionar, la persona no ve las cosas como son y se halla incapacitada así para llevar a cabo la acción diestra. Para esclarecer la mente es necesario aprender a detenerla, calmarla y esclarecerla, y tal es la misión y objetivo de la meditación: detener, calmar y esclarecer. Del sosiego y la claridad mentales surge el discernimiento y brota la sabiduría. De ese modo la persona puede emprender la acción diestra, lo que no quiere decir que no pueda equivocarse, pero si lo hace, incluso de esa equivocación hace un aprendizaje y transforma el error en aliado. De la ofuscación mental sólo puede surgir ofuscación mental y por tanto se desencadena la acción inapropiada y guiada por la confusión y el desorden. En la senda hacia la completa evolución de la conciencia, es necesario trabajar sobre la mente para ordenarla, desarrollarla y purificarla. El desarrollo de la conciencia suscita sabiduría y de la sabiduría nace la compasión.

Terapia Contra la Avaricia

Era un monarca sumamente ambicioso y rapaz. Un día estaba paseando por los descomunales jardines de su fastuoso palacio y de súbito se dio cuenta de que ante él aparecía un mendigo. El rey percibió en seguida que el hombre no era peligroso e incluso exhalaba una atmósfera de quietud, por lo que se dirigió a él y le preguntó:

—¿Qué haces aquí?

El pordiosero presentó lo que parecía una escudilla ante el monarca y le dijo:

—Tú eres uno de los hombres más ricos del mundo, pero siempre quieres más. Si puedes llenar mi escudilla con monedas de oro, te diré cómo conseguir un fabuloso tesoro.

El rey pensó que nada tenía que perder y su avidez le dijo que por qué no probar. Llamó a uno de sus asistentes y le ordenó que trajera una bolsa de monedas de oro. Una vez la tuvo en sus manos, la abrió y comenzó a echar monedas en la escudilla. Ante su sorpresa, no pudo llenarla. Exigió que le trajeran entonces un saco lleno de ellas y comenzó a verterlas sobre la escudilla, pero ésta seguía vacía. Trajeron varios sacos de monedas de oro y sucedió lo mismo. El monarca ordenó que trajeran todos los tesoros del reino y todos los engulló la escudilla. Desesperado, preguntó:

—¿Por qué no logro llenar tu miserable escudilla?

El pordiosero se encaró al monarca y le dijo:

—Eres más mendigo que yo, mucho más.

El rey estaba estupefacto. Entonces el mendigo dio la vuelta a su escudilla y resultó que ésta, por el otro lado, era un cráneo humano.

—¿Te das cuenta, señor? Así es el ser humano. Por mucho que le des, nunca está satisfecho y continúa sintiéndose interiormente vacío. Nada puede saciar su voracidad; nada puede llenar su vacío interior.

—¡Eres un mago! –vociferó el monarca–. Te haré ahorcar.

—Te equivocas, señor. No soy más que un pobre ermitaño, sólo eso, pero este cráneo-escudilla sí es mágico, porque fue el cráneo de un gran demiurgo. Él refleja perfectamente cómo es la cabeza del llamado ser humano: siempre pidiendo más, ansiando más, esperando más. ¿De qué sirve ser un monarca si tu mente es mucho más pobre que la de un mendigo?

Entonces el rey tuvo un destello de comprensión profunda. Efectivamente, él había sido siempre el más mendigo de los mendigos.

REFLEXIÓN

Una de las raíces latentes más persistentes y nocivas de la mente es la avidez en todas sus formas, que da por resultado el apego y el aferramiento, la voracidad y la insatisfacción.

Por apego, la persona es capaz de recurrir a la explotación y a la usura, a la violencia y al engaño. Es una energía muy destructiva. Del mismo modo que una hoguera no se extingue arrojándole cada vez más leña o la sed no se sacia ingiriendo más y más pescado en salazón, así la avidez no tiene fin y la persona quiere poseer siempre más de lo mismo y al mismo tiempo de todo.

El entendimiento profundo de la transitoriedad, la completitud interior y la madurez emocional, la práctica de la meditación, el recordatorio de la muerte, y el despliegue de las mejores energías de compasión y generosidad van mitigando el apego y la avidez. El apego es una atadura mental terrible e identifica a la persona de tal modo con el objeto de apego que ésta deja de ser ella misma y se enceguece. El apego es manantial de miedo y de sufrimiento. El que se libera de la avidez, se libera también de mucho miedo y de mucho dolor.

El Hombre Egoísta

 Era un hombre que nunca había hecho nada por los demás, que siempre había sido muy egoísta y que sólo se había ocupado de sí mismo. Se hizo mayor, un día se sintió indispuesto y entonces se dirigió a Dios para rogarle:

—Señor, déjame tratar de cooperar con el mundo, ayudar a mi familia y cambiarme a mí mismo.

Y Dios repuso:

—Ya no hay tiempo para eso. Ojalá me lo hubieras pedido años antes.

REFLEXIÓN

La vida es corta. Transita sin cesar. *Tempus fugit.* Todo fluye. Se nos escapa la existencia sin darnos cuenta, salvo que estemos muy atentos y receptivos. Era *Ramaprasad Sen* el que decía: «Considera, alma mía, que no tienes nada que puedas llamar tuyo. Vano es tu errar sobre la Tierra. Dos o tres días y luego concluye esta vida terrena; sin embargo, todas las personas se jactan de ser dueñas aquí. La Muerte, dueña del tiempo, vendrá y destruirá tales señoríos». No hay tiempo que perder. Los sabios hindúes nos dicen que la vida dura menos que un guiño en el ojo del Divino. Hay que procurarle un sentido. Más allá de si tiene un sentido último, cada uno puede conferirle a la vida el sentido, el significado y el propósito que uno quiera. Los hay que hacen de su vida un erial, ¡qué terrible! Otros, por fortuna, un vergel para ellos mismos y los demás. Se nos han entregado unos instrumentos vitales (cuerpo, mente y energía), y van a acompañarnos un número limitado de años en este escenario vital. ¿Qué vamos a hacer con esos años? Podemos ser egoístas y posesivos o desprendidos y generosos; podemos ser hostiles o cooperantes, narcisistas o humildes, malevolentes o amorosos. Cada uno es el responsable de sus actos y las consecuencias habrán de seguirnos. Podemos llenar nuestra mente de estados aflictivos y nuestro corazón de emociones insanas, o, por el contrario, embellecer la mente, suscitar emociones beneficiosas y enviar nuestros pensamientos amorosos en todas las direcciones. ¿Qué vamos a hacer con nuestra vida? Somos seres en evolución de instante en instante, y si nos lo proponemos podemos mejorar y madurar, porque están a nuestra disposición las enseñanzas y métodos que los grandes maestros espirituales nos han legado. No lo dejes demasiado. Empezamos a cambiar y mejorarnos ahora o nunca, pues de otro modo incurrimos en la «enfermedad del mañana» y la vida se consume sin haber hecho nada por nuestro mejoramiento humano ni por los demás.

Un *Mundo* ilusorio

Era un maestro que predicaba la vacuidad e insustancialidad de todo lo fenoménico e insistía en que todo era ilusorio y en que había que contemplarlo todo como transitorio para desarrollar la visión correcta y el desapego. Un día unas fiebres malignas se llevaron a su único hijo. El maestro comenzó a llorar y sus lágrimas anegaban su sosegado rostro. Los discípulos le dijeron:

—Venerable maestro, pero si siempre nos has dicho que el mundo es ilusorio.

—Y así es, queridos míos, pero ¡es tan doloroso perder un hijo ilusorio en un mundo ilusorio!

REFLEXIÓN

Aun en un sueño se siente y se experimenta. Hay placer y dolor, encuentro y desencuentro. Pero cuando uno despierta sabe que ha sido un sueño. La vida es muy efímera y en su sentido absoluto es ilusoria, pero en su sentido relativo es bien real. Incluso los seres más elevados espiritualmente han sentido, con su carga de humanidad, una gran pena cuando un ser querido ha muerto, porque son ecuánimes, pero humanos y sensibles, aunque exentos de aferramiento y apego. El sabio Shankaracharya decía: «Este mundo es como un sueño, colmado de amores y odios. En su dimensión brilla como una realidad, pero al despertar se transforma en irreal. Este mundo pasajero brilla como si fuera real, como la plata imaginada en una concha perlífera; es así en tanto no se conozca al Ser, que es la sustancia sin segundo de todo».

La Arrogancia

Un discípulo muy arrogante acudió a visitar a un maestro y le dijo:

—Pasaba por aquí y he aprovechado para visitarte y para que me puedas facilitar algunas instrucciones a fin de alcanzar la sabiduría. Será suficiente con muy pocas palabras, porque yo tengo ya mucha madurez espiritual.

—Basta una palabra para asesinar la verdad –dijo el mentor–. Me da igual si tienes prisa o no, pero no diré nada. Mi instrucción es que recuerdes que me has preguntado y que no te he contestado.

—Eso no me ayuda –protestó el discípulo–, pero si me dijeras una palabra iluminadora ello sería suficiente.

Y entonces el maestro dijo:

—Hasta una palabra es suficiente para destruir el todo, así que no voy a decirte nada, pero puedes llevarme dentro de ti.

REFLEXIÓN

La última realidad, la iluminación, es inasible a las palabras e irreductible a la simple lógica. Trasciende los conceptos, las ideas, las palabras... La vida no es una opinión, es vida. Los pensamientos y las palabras ocupan un papel en nuestras vidas, pero lo que hace posible el pensamiento no puede por el pensamiento ser pensado. Ramana Maharshi declaraba: «El estado que trasciende la palabra y el pensamiento es el silencio. Es meditación sin actividad mental. Someter la mente es meditación. La meditación profunda es la palabra eterna. El silencio es siempre elocuente; es el fluir perenne del lenguaje. El silencio es elocuencia permanente; es el mejor idioma». En el silencio florece el ser. Para los creyentes debe ser toda una instrucción la de los Salmos: «Permanece quieto y sabe que yo soy Dios». La palabra no es la cuestión como la descripción no es el hecho. En la raíz de la mente, más allá del pensamiento, en el silencio perfecto, deslumbra el yo real.

La arrogancia cierra todas las puertas hacia la Sabiduría. El que busca atajos para llegar al cielo, comprobará que no existen. El trabajo sobre uno mismo para evolucionar tiene que hacerlo uno mismo, y de ahí la antigua enseñanza que reza: «Los Grandes del Espíritu señalan la ruta, pero uno tiene que recorrerla». En su campo, los pensamientos y las palabras son necesarios, pero la conquista de lo ilusorio para alcanzar la sabiduría liberadora es a través de la virtud, la meditación y el entendimiento correcto, sin dejar de revestirnos de la genuina humildad que nos alentará a seguir aprendiendo sin cesar, puesto que somos aprendices en la senda hacia lo Inefable.

El Manuscrito Secreto

 Era un anciano maestro que en su ascética celda sólo contaba con un catre y un manuscrito que conservaba en un rincón de la habitación, envuelto primorosamente con tules. Los discípulos del maestro le habían preguntado a menudo por aquel manuscrito, pues había prohibido expresamente que cualquiera de ellos lo ojeara. Cuando le preguntaban por él, se limitaba a decir:

—Todo lo que sé lo he aprendido de él. Es muy sagrado. Me lo entregó un gran sabio tras muchos años de meditación en una cueva. Todo lo he aprendido de él.

Y así pasaron varios años. Los discípulos no dejaban de mirar codiciosamente el sagrado manuscrito, allí dejado en el suelo, en una esquina de la celda, envuelto entre polvorientos tules.

Un día el maestro falleció y un instante después, ya estaban todos los discípulos abalanzándose sobre el manuscrito, ansiosos por hallar las claves secretas para encontrar la dicha interior y la sabiduría, pensando que así podrían evitarse muchos esfuerzos y desvelos.

Ansiosos, rasgaron los tules del manuscrito. Lo abrieron y comenzaron a pasar las hojas. Estupefactos, fueron comprobando que todas estaban vacías. Llegaron a la última y sólo en ésta había una frase. Ávidamente, la leyeron. Decía:

—Cuando estéis tan vacíos de ataduras mentales como las páginas anteriores, habréis hallado la verdadera dicha, pero para llegar a ella tendréis que esforzaros día a día en el adiestramiento espiritual sin desfallecer. Yo recibí este manuscrito de mi maestro. Todas las páginas, incluso esta última, estaban vacías y en seguida comprendí cuál era su instrucción. Por si vosotros no sois tan sagaces, os he escrito estas líneas, que seguro, anhelantemente, estáis leyendo antes siquiera de amortajar mi cadáver. No cejéis en vuestro empeño. La liberación no es para los holgazanes. Con amor, vuestro propio ser.

Y la firma ilegible del maestro.

REFLEXIÓN

En la senda hacia la paz interior, queremos hallar claves que aligeren la búsqueda, la hagan más rápida e incluso eviten el esfuerzo personal. Eso es una quimera. La transformación de sí mismo no es fácil y requiere poner en marcha no sólo nuestros potenciales internos, sino también todas las técnicas y métodos que los hagan posible, asociados a la verdadera virtud, el ejercitamiento mental, la compasión y la sabiduría. A veces la búsqueda resulta penosa, inevitablemente, pero hay un adagio que reza: «Justo el momento antes del amanecer es el punto más oscuro de la noche». Llegará el amanecer para la conciencia, pero no será sin disciplina; la disciplina debe ser insuflada por la motivación, y la ésta por el anhelo de mejorarnos y cooperar así en el mejoramiento del mundo que nos rodea.

$\mathcal{M}$írate a ti $\mathcal{M}$ismo

Era un discípulo que a menudo cedía a la tentación de hablar y criticar a los otros. Acudió a ver a un maestro y le dijo:

—En estos días que corren, mucho te agradecería que me dieras alguna instrucción mística.

El maestro repuso:

—Poco tengo que enseñarte, pero te aconsejo que antes de hablar de otro, te mires a ti mismo. Y si quieres ver al diablo, contempla tu propio ego.

REFLEXIÓN

Al descalificar a los otros, nos descalificamos a nosotros mismos; al herir a los demás, a nosotros mismos nos herimos. ¿Acaso no formamos todos parte de la gran familia de los seres sintientes? Estamos prestos a injuriar, difamar y calumniar, pero antes de hacerlo, deberíamos mirarnos a nosotros mismos y ser más reflexivos. La palabra pronunciada nos hace su cautivo; mientras no ha sido dicha, no lo somos, pero del mismo modo que nadie puede recuperar la flecha disparada, no es posible recobrar la palabra pronunciada. Hay que permanecer más vigilantes a los pensamientos, las palabras y los actos, y ser más reflexivos para no herir a los demás, del mismo modo que nosotros no queremos ser heridos. El descuido, la negligencia y la falta de atención inducen a muchas personas a descalificar sistemáticamente a los demás, no por perversidad consciente o malevolencia, sino por hábito negativo o inconsciente maledicencia, si bien es cierto que hay personas aviesas que utilizan la lengua como una daga para sembrar discordia, arruinar vidas con sus calumnias y dañar intencionadamente. Hay que aprender a controlar la palabra y también a guardar el noble silencio. El ego incontrolado se impone a las palabras y gusta de enredar, aunque pueda causar daños irreparables. Antes de hablar habría siempre que hacer una minúscula pausa para reflexionar. Buda le aconsejaba a su hijito Rahula que lo hiciese siempre antes de hablar o actuar. En un antiguo texto budista, el *Samyutta Nikaya*, podemos leer: «En la lengua del ser humano hay una cuchilla con la que los necios se hieren cuando profieren palabras malignas». Y también en este mismo texto leemos: «Sí, lo hueco resuena y lo pleno es apacible; el necio es una olla a medio llenar y el sabio es un lago».

Hay que evitar las palabras groseras, sarcásticas, malevolentes, que siembran discordia y hieren; hay que proferir palabras amables, consoladoras y estimulantes, veraces y precisas, que traen concordia y engendran armonía y amistad.

El Asceta Errante

Después de años de peregrinación, llegó a una localidad de la India y sus habitantes le pidieron que les impartiese algunas enseñanzas espirituales. Aunque el hombre no era dado a discursos, para no desairar a esas buenas gentes, consintió. Al anochecer todos se reunieron en la plaza pública y el asceta errante habló sobre el impulso sagrado y la búsqueda espiritual. Una vez hubo impartido enseñanzas, guardó silencio por si alguno de los presentes quería formular cualquier pregunta. Se adelantó la mujer más rica de la localidad y dijo:

—Sabio asceta, todo lo que has predicado me ha parecido muy interesante, pero hay algo que de verdad siempre me ha preocupado: ¿qué será lo que comen los santos en el cielo?

Entonces el asceta clavó sus profundos ojos de fuego en los de la dama y exclamó:

—¡Oh necia! De manera que te preocupas por lo que comen los santos en el cielo y ni se te ocurre preguntarte si yo tengo o no algo para alimentarme.

REFLEXIÓN

La mente del ser humano tiene una crónica tendencia a extraviarse en cuestiones inútiles y no atajar lo inmediato y necesario. Hay que reeducarla para que aprenda a encauzarse en las circunstancias que se requieren en el momento y frenar así su propensión a enredarse con supuestos y presuposiciones, conjeturas y elucubraciones que le merman parte de su vitalidad y descarrían la atención.

La Solicitud del Monarca

El monarca le pidió a un buen número de sabios que le realizaran una obra fabulosa y sin precedentes sobre la historia del ser humano. Pasados muchos años, los sabios se presentaron ante él con un centenar de gruesos volúmenes y le dijeron:

—Aquí hemos incluido la historia del ser humano.

El monarca hizo un gesto de desencanto y dijo:

—No me queda vida para leer tal número de volúmenes. Tenéis que condensar este conocimiento.

Pasaron tres años más y los sabios presentaron diez volúmenes ante el monarca, que dijo:

—No, no tengo tiempo de leer tantos volúmenes. Por favor, esforzaos más y sintetizad.

Pasados dos años, regresaron los sabios con cinco volúmenes.

—Ya no me queda casi tiempo –se condolió el rey–. La vida pasa y lleváis muchos años tratando de hacer esa obra que se refiere a la historia del hombre. No tengo tiempo. Esforzaos por sintetizar más. Si nos os dais prisa, moriré antes de ver acabada esa obra.

Entonces un desconocido se adelantó y dijo:

—Señor, perdonad mi intromisión. Soy un yogui y os puedo resumir, como deseáis, en pocas palabras la historia del ser humano.

El rey le miró sorprendido y dijo:

—Si de verdad podéis, hacedlo. ¿Cuánto tardaréis en escribir la obra?

—No necesito escribirla, señor. La tengo bien presente en mi cabeza.

—Habla, pues, desconocido.

Y el yogui dijo:

—Majestad, la historia del hombre es que nace, vive entre el placer y el sufrimiento, y muere.

Minutos después de escuchar esas palabras, el monarca, complacido por el resumen, murió.

REFLEXIÓN

En mi relato espiritual *El Faquir*, el maestro que vierte sus enseñanzas en esas páginas nos dice que la vida es como un alambre y que hay que aprender a caminar por él como un buen funámbulo lo hace por el alambre de su prueba de equilibrismo: con atención, esfuerzo bien encauzado, sosiego, ecuanimidad, confianza en uno mismo, sentido de cada momento del aquí y el ahora, elegancia, fluidez y una comedida intrepidez. La vida es un alambre que se extiende del nacimiento a la muerte, y en su recorrido encontramos placer y dolor, alegría y sufrimiento y, finalmente, la muerte inexorable, que forma parte de la vida y cuyo recordatorio debe servirnos no para abrumarnos, angustiarnos o deprimirnos, sino para aprovechar la vida elevando el dintel de la conciencia y relacionándonos mejor con nosotros y con los demás. Hay muchos eventos, menores o mayores, en la vida de una persona, pero de hecho se nace, se vive (entre fortuna o infortunio, contento y pesadumbre) y se muere. Pero se puede pasar por el «alambre» con compasión, conciencia clara y corazón tierno, cuidado de sí y de los demás, o se puede cruzar por él de manera mecánica, sin equilibrio ni sosiego, convirtiendo la vida en una mala copia de lo que debería ser. Hay que aprender a encarar el placer y el sufrimiento con esa ecuanimidad que nace de la visión clara y la comprensión profunda, sin dejar de ser uno mismo, tratando de permanecer en el propio centro y sin dejarse alienar. La ecuanimidad nos ayuda a mantener el ánimo estable a pesar de las vicisitudes existenciales y nos enseña a reequilibrar cada vez que tendemos a desarmonizarnos dejándonos llevar por estados extremos de ánimo. Como se vive entre el placer y el sufrimiento, tratemos de procurarles dicha a los demás y evitarles el dolor. Existen tres clases de sufrimiento: el inevitable y que alcanza a todos los seres, el que la mente ofuscada o perversa provoca en

otras criaturas y el que nos hacemos inútilmente a nosotros mismos. El sufrimiento inevitable hay que aceptarlo
conscientemente, pero el que engendramos a los demás y
a nosotros innecesariamente hay que ir evitándolo mediante el esfuerzo, la transformación interior y el mejoramiento de la mente. En ese escenario de luces y de som-
bras que es la vida, hay que aprender, a pesar del placer y
del dolor, a mantener el sosiego. Son hermosas e inspira-
doras las palabras del *Yoga Vasistha* que dicen: «A aquel
que contempla en calma el transcurso del mundo tal como
se desarrolló o se presenta ante él y permanece sonriente
pese a las vicisitudes, se le llama yogui imperturbable».

El Devoto Cínico

Le gustaba aparentar que era un hombre muy religioso y envanecerse de su rectitud moral. A veces, para impresionar a los demás y alardear de su espiritualidad, declaraba:

—Daría veinte años de vida por alcanzar la sabiduría definitiva.

Y cierto día pasó por allí un gran maestro al que todos consideraban tan avanzado espiritualmente que si uno de verdad seguía sus enseñanzas, podía hallar en esta vida la realización espiritual definitiva. Llegó a sus oídos que un hombre de la localidad iba asegurando que daría veinte años de vida por alcanzar la liberación, por lo que le hizo llamar y le dijo:

—Estoy deseando encontrar alguna persona que de verdad quiera iluminarse y esté dispuesta a sacrificarse cuanto sea para ello. He escuchado que darías veinte años de vida por alcanzar la Sabiduría. Yo te aseguro, amigo mío, que puedo conseguir que la consigas, pero ¿de verdad estás dispuesto a dar veinte años de vida?

—Sí, por supuesto... –afirmó sin pausa el devoto– de la vida de mi mujer.

REFLEXIÓN

Llenamos nuestras vidas de buenas intenciones y toda clase de propósitos y proyectos, pero ¿adónde van a dar? Los dejamos sobre el abismo y la mayoría de ellos no se materializan, porque hay que distinguir entre la comprensión de superficie, que no es tal, y la verdadera comprensión, que es la que impulsa a proceder en consecuencia. No basta con proponerse un objetivo, sino que hay que poner los medios hábiles para hacerlo posible. Decimos querer cambiar, pero no hacemos nada eficiente para lograrlo. No hay ningún caso de una persona que se acueste por la noche de una manera y se levante de otra. El cambio interior sólo sobreviene mediante el esfuerzo bien dirigido, la disciplina y el autoconocimiento. Para poder conquistar la paz interior, hay mucho que perder: agitación, envidia, celos, rabia, enfoques incorrectos, avidez, odio... Muere una parte de uno para que aflore la más fértil. Para liberarse, sí, hay que dar a veces veinte años de la propia vida: veinte años de ejercitamiento para liberar la mente de sus ataduras. Buda dio seis, Jesús otro tanto o más, Mahavira también y lo mismo Pitágoras. La senda hacia la Liberación es gradual y, como nadie puede recorrerla por uno, no existe otra posibilidad que hollarla uno o seguir empantanado en el doloroso terreno de la ignorancia.

Una vida ⟨Sencilla,
una muerte ⟨Sencilla

 Un anciano maestro se estaba muriendo. Se había recostado sobre la hierba, bajo un frondoso árbol. Sus discípulos le rodeaban, compungidos, y algunos de ellos no lograban contener el llanto.

—Que nadie se aflija por mí –musitó el maestro–. Lo que deba ser, será. Vida y muerte se complementan. Todavía, sin embargo, tengo tiempo de deciros algunas cosas.

Tras una pausa, retomando el aliento, el moribundo dijo:

—Una vida sencilla, una muerte sencilla. No hay otro secreto. Llega el placer y disfrutas, pero sin apego; llega el sufrimiento y sufres, pero sin resentimiento. Es necesario aprender a ser armónico en lo inarmónico y sosegado en el desasosiego. Una vida de hermosa simpleza, sin inútiles resistencias. Hay tempestad y calma, pero el equilibrio tiene que estar dentro de uno. Escuchadme bien, amados míos: una vida sencilla, una muerte sencilla.

Y en ese momento, se hizo un silencio perfecto y el maestro murió apaciblemente. Todos los discípulos pensaron: «Una vida sencilla, una muerte sencilla».

REFLEXIÓN

¡Tan fácil y tan difícil! La vida es un gran misterio y a veces resulta pavorosa. Es el viaje más largo de los que hacemos en este teatro de sortilegios que es la existencia humana, sembrado de imprevisibilidad y donde nos topamos con situaciones muy diversas. La vida no es fácil, pero podemos hacerla mucho más difícil de lo que es si nuestra actitud es inadecuada y estamos siempre añadiendo complicaciones a las complicaciones y creando tensiones y conflicto. Del mismo modo que un atleta puede emplear una pértiga para atravesar un río, así la persona puede aprender a servirse de su equilibrio y sentido de la armonía como de una fiable «pértiga» para cruzar el río de la vida. Hay obstáculos que ir venciendo y eventos que ir viviendo. Si uno está fuera de su centro o de su ángulo de quietud, se siente indefenso porque no cuenta con su energía de armonía y ecuanimidad, y añade sufrimiento al sufrimiento e incluso al placer, puesto que siempre se está dependiendo obsesivamente de lo que place y displace, generando así fricciones que roban la calma mental y la paz interior. El que se ejercita espiritualmente obtiene otro estadio de conciencia que se caracteriza por su imperturbabilidad y porque no se deja ya afectar de igual modo por las circunstancias y permite vivir la vida con sabiduría, simplicidad y sencillez. Leemos en el *Kaivalya Upanishad*: «Yo soy distinto del objeto del gozo, del sujeto que goza y del gozo mismo; yo soy el Testigo, hecho únicamente de inteligencia pura, siempre imperturbable».

El Monje que deseaba ser Lavandero

Sólo tenía cinco años de edad cuando se quedó huérfano y fue acogido en un monasterio. Se convirtió en novicio y con los años se hizo monje. Tenía unas sobresalientes dotes para la búsqueda espiritual, la comprensión de los textos sagrados y la concentración de la mente. Además de ser muy inteligente, destacaba, sobre todo, por ser una criatura siempre cariñosa y afable.

Cierto día el abad hizo llamar al monje y le dijo:

—La naturaleza ha sido sumamente generosa contigo. Tu cuerpo es fuerte y sano, tu mente es muy brillante, y tu corazón es amoroso y compasivo. No me extraña que a todos les guste tu presencia en nuestro monasterio y te hayas ganado el afecto de todos los que aquí estamos. Estás capacitado para tantas actividades que de hecho no sé qué labor encomendarte. Estoy seguro de que podrías llevar a cabo cualquiera con toda perfección. A veces pienso que deberías dedicarte a la enseñanza y otras, en cambio, a cotejar y traducir textos sagrados; en ocasiones considero que deberías dirigir el dispensario y otras predicar la Doctrina. Eres asimismo la persona más capacitada para en su día sucederme. Creo que debes ser tú mismo el que decida qué tarea desempeñar.

El monje, sin dudarlo un instante, dijo:

—Lavandero.

—¿Lavandero? –preguntó el abad verdaderamente perplejo y sin poder creer lo que escuchaba–. ¿Lavandero?

—Sí, lavandero –aseveró el monje. Desilusionado, el abad preguntó:

—Pero ¿por qué precisamente lavandero?

El monje repuso:

—Porque así los demás me traerán su ropa para que la lave y luego se la llevarán. De ese modo, nada tendré que me pertenezca y seré libre. La ropa viene y la ropa se va. Nada quiero retener. Mi deseo es convertirme en el monje lavandero.

REFLEXIÓN

Una de las grandes asignaturas pendientes en la mayoría de los seres humanos es la de saber soltar. Hay que aprender a asir –cuando llega la ocasión– y a soltar –cuando tal es necesario–. Como las olas vienen y parten y las nubes pasan por el cielo, los acontecimientos y personas surgen y se desvanecen en nuestras vidas y hay que saber dejar ir, soltar, armonizar. Todo fluye. Nadie puede detener o empujar el río. Hay pocas cualidades tan nocivas e innobles como la avaricia. El avaricioso sólo quiere retener, acumular, sumar, y pone todo su ser en esa orientación de avaricia que le aleja de sus energías de cooperación y solidaridad. No es lo que es, sino lo que tiene. No confía en sí mismo, sino en sus posesiones. No sabe soltar y, sin embargo, tendrá que liberar incluso su cuerpo. Hay un modo bien distinto de acumulación. Se trata de acumular sabiduría, méritos, quietud y generosidad. Como no es adquirido, sino que se amontona dentro de uno, no se puede perder. Una de las peores enfermedades de la mente es la avaricia; uno de los antídotos más eficientes es la esplendidez.

Dos Grandes problemas

Un discípulo, desorientado, acudió a visitar a su guía espiritual y le preguntó:

—Venerable maestro, ¿debemos ser ricos o pobres?

El maestro se quedó unos instantes pensativo, para después explicar:

—En esta vida hay dos grandes problemas –sonrió, sin dejar de clavar sus ojos profundos y sinceros en los de su discípulo–. El más importante es, con mucho, la pobreza. Créeme, amigo mío, no hay dificultad mayor. La miseria desola y atormenta. Pero el segundo problema es la riqueza, porque te ves obligado a emplear toda tu energía en conservarla, y así también te atormentas y no dejas de estar obsesionado.

—¿Y qué se puede hacer entonces? –preguntó impaciente e intrigado el discípulo.

El mentor repuso sosegadamente:

—Evitar tanto la una como la otra.

REFLEXIÓN

Nos movemos en dos realidades: la externa y la interna. Hay que armonizar diestramente ambas. No debemos sacrificar una en detrimento de la otra. Del mismo modo que es necesario equilibrar personalidad y esencia, control y descontrol, introversión y extraversión, hay que hallar un equilibrio entre nuestra acción en la realidad exterior y nuestra acción en la interior. La mayoría de las personas sólo se activan en el plano de la realidad exterior y viven de espaldas a su universo interior. Hay que saber distribuir nuestras energías. Con una parte de ellas tratamos de mejorar nuestra calidad de vida externa, y con la otra nos empeñamos en optimizar nuestra calidad de vida interior. Hay que cubrir las necesidades básicas y celebrar lo mejor de la existencia, pero también es preciso cubrir necesidades psicológicas y espirituales, porque de otro modo, y si uno no va liberando las ataduras de su mente, ni siquiera podrá disfrutarse del bienestar material.

Los Tres falsos Maestros

A menudo los falsarios y embauca-
dores tienden a asociarse. Éste es el
caso de tres falsos maestros que se
habían unido para apoyarse unos a
otros con sus respectivos embustes y
explotar a los incautos. Con sus
túnicas de primorosa seda, sus luengas y respetables bar-
bas y sus conocimientos de las Escrituras, eran capaces de
deslumbrar a las gentes sencillas y así conseguir dinero,
celebridad y poder. Uno de ellos aseveraba que había
hallado el elixir de la inmortalidad, y que un día se deci-
diría a compartirlo con los demás; el segundo aseguraba
que era capaz de levitar y que les mostraría tal proeza a
aquellos aspirantes espirituales que realmente se lo mere-
cieran; el tercero afirmaba ser un formidable clarividente
y ver todos los peligros que ocultaba el futuro. De este

modo, estos charlatanes se aprovechaban sin ningún escrúpulo de la ingenuidad de sus devotos y conseguían pingües beneficios. Pero el destino es insondable e impredecible, y antes o después demuestra su inexorable poder.

Para evidenciar aún más su santidad, los tres supuestos maestros anunciaron a bombo y platillo una larga peregrinación a pie y se pusieron en marcha. Iban por un camino serpenteante, bordeando un profundo precipicio, cuando se produjo un desprendimiento de tierra y cayeron al abismo encontrando la muerte. El clarividente nada había visto, el que podía levitar no flotó en el aire y el que había conseguido la pócima de la inmortalidad fue el primero de ellos en morir. Ninguno de los tres pícaros pudo burlar el destino.

REFLEXIÓN

Desafortunadamente, proliferan los falsos guías espirituales, en busca de poder y riquezas. Así, han surgido, desde hace años, tanto en Oriente como en Occidente, falsos maestros que se dedican a embaucar a buscadores de buena fe que no han desarrollado lo suficiente su discernimiento para desenmascararlos o que tienen tanta necesidad de ser guiados que no distinguen entre el mentor honesto y el deshonesto. Esos falsos maestros recurren a toda suerte de artimañas para engatusar a sus devotos. Son charlatanes sin escrúpulos y, como no exigen verdadera disciplina ni esfuerzos de autorrealización por parte de aquéllos y saben embaucarlos, consiguen un gran número de ellos, que no ponen a prueba al preceptor. Sacan al devoto de su jaula para introducirlo en la suya; para eso es mucho mejor seguir en la propia cárcel. Tienen un ego desmedido, un ego-rascacielos. El gran santo y yogui de la India era muy crítico al respecto y decía: «Las personas con un poquito de poder oculto consiguen cosas como nombre o fama. Muchas de ellas quieren la profesión de gurús, ganar el reconocimiento de la gente y hacer discípulos y devotos. La gente dice de tal gurú: "¡Ah, le va muy bien! ¡Cuánta gente le visita! Tiene muchos discípulos y seguidores. Su casa luce bien, amueblada y decorada. La gente le lleva regalos. Tiene un poder tal que puede dar de comer a muchas personas si lo desea"». La profesión de maestro se parece a la de una prostituta. Es la venta de uno mismo por bagatelas tales como dinero, honor y comodidades materiales».

Desarrolla el entendimiento puro y no dejes de poner a prueba al maestro. Si tanta necesidad de maestro tienes –dicen los yoguis– conviértete tú mismo en tu maestro. Nisargadatta aseveraba: «Tú eres tu último maestro. Tu maestro exterior no es más que una señal indicadora. Sólo el interior seguirá contigo a lo largo de todo el camino hacia la meta, porque él es la meta».

El Camaleón

 Dos hombres comenzaron a discutir acaloradamente y estuvieron a punto de llegar a las manos, todo porque cada uno de ellos insistía en haber visto de un color diferente a un camaleón que yacía en una palmera.

—Te digo que es marrón –aseveró uno de los hombres.

—Pues yo te digo que es verde –replicó el otro.

Y así, comenzaron a soliviantarse.

—Es marrón, ¿o es que no tienes ojos para verlo?

—Tú sí que pareces estar ciego. Es verde.

Acertó a pasar por allí un lugareño y uno de los discutidores le preguntó:

—¿Acaso no es marrón este camaleón?

—Es marrón –repuso el lugareño.

—Pero ¿no es verde? –protestó el otro hombre.

—Es verde –acordó el aldeano.

Los dos hombres que estaban a punto de golpearse, creyendo que el lugareño se burlaba de ellos, se dirigieron a él hoscamente y le preguntaron:

—¿Nos tomas el pelo?

—En absoluto, amigos míos. Cada uno de vosotros ha visto un aspecto del camaleón y por tanto ambos tenéis relativa razón. Yo he visto todos los aspectos del animalillo, porque vivo al lado de la palmera en la que habita y he podido observarle durante semanas y meses.

REFLEXIÓN

Una cosa es la Realidad y otra la «realidad» de cada uno; una la Verdad y otra el aspecto de la «verdad» que cada persona capta. Sabiduría es evitar aferrarse a las ideas y ampliar al máximo la visión, sabiendo observar, sin prejuicios, desde todos los ángulos posibles. Los antiguos sabios aconsejaban seguir el camino del medio, pero nos prevenían para que ni siquiera a él nos apegásemos. No es fácil ser un verdadero librepensador y tener la capacidad de mirar más allá del ego y del apego a las propias ideas y a los estrechos puntos de vista. La mente está cuajada de errores básicos que falsean o distorsionan la cognición y la percepción. Es la mente que vela, pero que al ser liberada de esos oscurecimientos comenzará a desvelar. El trabajo estriba en ir transformando la mente y superando patrones, esquemas y adoctrinamientos, así como toda suerte de esas «zonas oscuras» que falsean el conocimiento y la percepción. Al aferrarnos a nuestras ideas o a nuestra visión particular, estrechamos el campo de la conciencia y detenemos el proceso de aprendizaje. Hay que abrirse mental y emocionalmente; en la apertura existe vitalidad y plenitud. Mientras sólo podamos servirnos de la mente condicionada, no podremos disponer de visión cabal y ver las cosas como son. Las técnicas de autorrealización se empeñan en conseguir que aflore el lado incondicionado de la mente que, libre de prejuicios e impresiones, está capacitado para percibir lo que es en sí mismo.

El Duelista Juicioso

Fue debido a un malentendido que un hombre retó a otro en duelo. El arma sería la pistola y el duelo se celebraría al amanecer.

Apenas había despuntado el día cuando ya los duelistas se hallaban uno junto al otro, de espaldas. Caminaron los veinte pasos de rigor a la señal convenida y, apenas dados éstos, el retador, con gran rapidez, se giró y disparó contra el adversario, pero éste a su vez se estaba girando y el tiro fue fallido.

Aterrado, el retador, una vez disparada su bala, esperó tratando de controlar sus temblores. El adversario, ante la sorpresa del retador y de los testigos, arrojó el arma al suelo sin disparar.

Todavía tembloroso y desencajado, el retador corrió hasta el retado y se deshizo en agradecimientos por haberle salvado la vida. Luego le preguntó:

—Buen hombre, ¿por qué te has negado a disparar?

—Es muy sencillo y he tenido dos razones de peso para ello.

—¿Cuáles han sido?

—Te las diré con la condición de que no vuelvas a retar a nadie. Una es de tipo metafísico y la otra de tipo práctico.

—No te entiendo –adujo el retador.

—La primera razón es que si te mataba eso me acarrearía terribles deudas morales.

—¿Y la segunda?

—La segunda es que si no lo hacía, volverías a retarme y tendríamos que enfrentarnos de nuevo, con lo cual podrías matarme tú a mí.

A partir de ese momento, los dos hombres se hicieron amigos para siempre.

REFLEXIÓN

Nadie puede escapar a las consecuencias de sus actos. Somos responsables de toda acción que llevamos a cabo y sus consecuencias nos seguirán como el carro a la pezuña del buey que lo arrastra; pero, además, al cuidar verdaderamente de nosotros mismos, cuidamos de los demás, como al atender amorosamente a los demás, nos atendemos a nosotros mismos. Lo que tenemos que comprender, no sólo intelectual, sino también vivencialmente (que es la comprensión que transforma), es que todos somos parte de una sinergia y debemos protegernos los unos a los otros. Si todos pusiéramos un poco de nuestra parte, podríamos evitar muchas disputas e incluso conseguir que nuestros adversarios se tornasen nuestros amigos, y así no sólo favoreceríamos a los demás, sino también a nosotros mismos. Lo que se necesita es inteligencia y no soberbia u orgullo desmesurado. ¡Qué hermosas las palabras del *Dhammapada*!: «La victoria engendra enemistad. Los vencidos viven en la infelicidad. Renunciando tanto a la victoria como a la derrota, los pacíficos viven felices».

Imperturbable

Se trataba de un hombre que había llegado a ser fabulosamente rico; cuando alcanzó la edad de cuarenta años decidió donarlo todo y quedarse sólo con lo suficiente para vivir tranquilamente el resto de su existencia. Ya no tenía interés por viajar, porque había comprobado que el viaje más fructífero era el que le conducía a su propio ser. Era por igual amable y cordial con todo el mundo, si bien a nadie se acercaba ni a nadie evitaba. Si le hablaban, contestaba; si nada le decían, guardaba silencio. Su vida era sencilla y simple, pero a la vez siempre diferente, porque no dejaba de aprender del aire, del agua, de las flores y de su propia presencia de ser. No se apresuraba, porque no había adonde ir, puesto que ya había llegado. Nada le agitaba, porque había superado los apegos. Gozaba de un excelente sentido del humor y nunca se perturbaba. La gente le veía ir y venir, a todos lados y a ninguna parte en concreto. De vez en cuando, compraba algunas confituras y se las ofrecía a los demás, porque le gustaba hacer regalos.

Cierto día, un curioso se le acercó y le preguntó:

—Tú que has renunciado a tantas cosas, ¿en qué crees?

Sus labios esbozaron una divertida sonrisa y repuso con serenidad:

—El sol sale, el sol se oculta. En eso creo.

Estupefacto, el desconocido preguntó:

—¿Sólo en eso?

Y el hombre imperturbable repuso:

—¿Y te parece poco?

REFLEXIÓN

El ser humano vive tanto en las expectativas inciertas de futuro que él mismo se convierte en el caudal de la incertidumbre, la ansiedad y la desdicha. Tan lejos miramos que no vemos lo que sucede a cada instante y nos perdemos la gloria del momento, sea la salida del sol, sea el anochecer, sea el trino de un pájaro o la brisa del aire. Memorias y expectativas condicionan la mente y no le dejan conectar con el instante presente. Así no se fluye con la vida, porque la mente está escapando al pasado o huyendo hacia el futuro. ¿Qué forma de vivir es ésa? Pero el que logra establecerse en la esencia de la mente y no se deja arrastrar por tendencias hacia el pasado ni hacia el futuro se conecta, sereno y desasido, con lo que a cada momento surge y se desvanece.

La Gota de Miel

 Se trataba de un bondadoso y sabio anciano que nunca había deseado tener discípulos propiamente dichos, pero que era muy a menudo visitado por las gentes que deseaban sentirse tranquilas en su presencia y recibir sus enseñanzas. No le gustaba hablar en exceso y de vez en cuando despegaba los labios para decir:

—¡Cuidado con la gota de miel!

Ninguno de los aspirantes espirituales estaba seguro de comprender tal advertencia, pero les bastaba con disfrutar de su presencia para sentir que avanzaban por el camino de la iluminación.

Fue transcurriendo el tiempo y un día, al atardecer, tras haber meditado, uno de los discípulos que quería saber realmente a qué se refería el sabio con tal admonición, se digirió a él y le dijo:

—Venerable maestro, llevo meses oyendo «cuidado con la gota de miel»; me gustaría saber qué quieres realmente significar con ello y supongo que también a mis compañeros les placería.

Los otros aspirantes asintieron con la cabeza, esperando que el sabio se definiera.

Se hizo un silencio total. Después el sabio dijo:

—Habéis de saber, queridos míos, que durante años yo escuché lo mismo de mi maestro y al final también, como vosotros, le pregunté.

Todos rieron complacidos. El anciano agregó:

—Prestad ahora atención a la historia que voy a relataros, y eso que sabéis que no me gusta hablar mucho.

Hizo una breve pausa y comenzó a narrar la historia. Dijo:

—Había una vez un hombre muy pobre que decidió abandonar su país en busca de fortuna. Durante días y días no dejó de caminar. Un amanecer se adentró en un frondoso bosque. Tras algunas horas se dio cuenta de que se había perdido, no sabía qué camino tomar para salir de allí y temía que alguna alimaña le atacara; además, sentía hambre y sed, y su ansiedad iba en aumento. Tomó un camino y después otro, pero no hallaba la salida.

»De súbito oyó un ruido inquietante a su espalda y ¡cuál no sería su desagradable sorpresa cuando vio que le seguía un furioso elefante que bien podría aplastarle! Y eso no hubo de ser lo peor, pues al intentar huir se encontró el paso cerrado por un gran número de demonios armados hasta los dientes. El pobre hombre no sabía qué hacer; despavorido, intentó trepar a un árbol, pero el tronco era tan grueso que le resultó imposible. La situación era desesperada. Al mirar en derredor distinguió un pozo a lo lejos, así que, sin pensárselo dos veces, corrió hacia él y saltó dentro. En su caída, y cuando ya creía que habría de morir, sus manos lograron agarrarse a un matorral que crecía en las paredes del pozo.

»De repente, oyó un ruido sibilante. Cuando sus ojos se acostumbraron a la oscuridad, distinguió un nido de serpientes venenosas que vivían en el fondo de aquel hoyo. Entre todas ellas destacaba una terrorífica pitón. Se aferró más y más a las ramas, ya que eran su único sostén; pero he aquí que de pronto descubrió que se encontraba en la madriguera de dos grandes ratas de prominentes dientes. Una era negra y la otra blanca. Ambas comenzaron a roer sin piedad los matorrales.

»Entre tanto, ¿qué había sido del elefante? Al llegar al árbol y no encontrar al hombre, se enfureció y comenzó a golpear los árboles con su poderosa trompa, de tal modo que desprendió una colmena y ésta fue a caer al pozo. Miles y miles de abejas se lanzaron contra el hombre y comenzaron a picarle. Mas he aquí que una gota de miel cayó en la frente del hombre y se fue deslizando por su cara hasta alcanzar sus labios y penetrar en su boca. Cuando eso ocurrió, el dulzor de la miel le embelesó de tal modo que se olvidó por completo del elefante, los demonios, las ratas, las abejas, las serpientes y su apurada situación. ¿En qué debía de estar pensando ese hombre? Sólo en que otras gotas de miel llegasen a su boca. Por ese motivo no se defendió, las ratas quebraron los matorrales, él se precipitó al fondo del pozo y murió.

Los discípulos, impresionados, apenas se atrevían a respirar. Estaban realmente sobrecogidos. Uno de los aspirantes se decidió a hablar y preguntó:

—Pero ¿puede todo eso sucederle a un ser humano?

El anciano dijo:

—Os explicaré la analogía como me la narraron a mí. La vida de los seres humanos no es fácil. El elefante implacable es la muerte. El árbol es la liberación, pero sólo los más fuertes y tenaces pueden escalarlo, es decir, seguir la senda de la iluminación. El pozo representa la vida humana, en tanto que los matorrales son la duración o extensión de la vida. ¿Qué representan las ratas? Los años que componen la vida: una veces blancos, es decir, agradables, y otras negros, esto es, desagradables, pero ambos conducen al final. Las serpientes son las tendencias perniciosas y la pitón es la ignorancia. Las picaduras de las abejas son las enfermedades y las gotas de miel son los placeres transitorios que encadenan y confunden al ser humano. En resumen, lo único seguro es el árbol de la liberación. Debes aprender a trepar por su tronco. ¡Y cuidado, amados míos, con la gota de miel!

REFLEXIÓN

Cuando toda la atención se fija en los objetos de placer y uno se obsesiona por ellos, desencadenando mucho aferramiento, pierde de vista todo lo demás, incluso la realización de sí, el autoconocimiento y el impulso de libertad interior. Pero no es fácil liberarse del apego y mantener más dominados los sentidos, aplicando la ecuanimidad y el entendimiento correcto que impidan que el néctar del disfrute se convierta en el veneno del apego. Ya leemos en un texto antiguo budista, el *Majjhima Nikaya*: «Resulta difícil comprender el apaciguamiento de todo lo condicionado, la renunciación a toda sustancia contingente, la extinción del deseo, el desapasionamiento, la cesación y la iluminación».

El 𝒩iño

Era un niño de corta edad que estaba jugando con un barquito en el estanque. Se hallaba por completo absorto en su juego. Un yogui que pasaba por el lugar se acercó hasta él y comenzó a hablarle y a hacerle algunas preguntas, pero el infante estaba tan ensimismado con las evoluciones del barquito sobre las aguas del estanque que ni siquiera reparó en la presencia del hombre.

Al contemplar el yogui la actitud del niño, se postró ante él y le dijo:

—Amiguito, tú eres mi maestro. Ojalá que cada vez que me siente a meditar pueda estar tan concentrado como tú lo estás ahora, que sea capaz de dirigir todos mis pensamientos al Supremo y que, como a ti te sucede, nada pueda distraerme. Sí, eres mi maestro.

El niñito seguía contemplando, embelesado, el barquito meciéndose sobre las aguas cristalinas del estanque.

REFLEXIÓN

La mente es por naturaleza, mientras no se ejercita, muy dispersa; tanto es así que el antiguo adagio reza: «Está en la naturaleza de la mente dispersarse como en la del fuego quemar». Esa dispersión le roba a la mente su capacidad de penetración, comprensión, poder y entendimiento. La mente está continuamente saltando de uno a otro lado, impulsada por sus deseos y aversiones, así como por las tendencias subyacentes; se debilita e incluso desertiza con tanta fragmentación, y la preciosa energía de la atención se va aletargando. Una mente sin concentración es frágil e insegura y se estrella contra la superficie de las cosas sin poder ver su esencia. Es una mente sin freno, vapuleada por sus condicionamientos y en la que no opera con fiabilidad el discernimiento. Pero toda persona que se lo proponga puede ejercitarse para conseguir una mente concentrada y que por tanto pueda ser gobernada por el propietario de esa mente. Así como toda fuerza canalizada (agua, luz o calor) gana en intensidad y poder, lo mismo sucede con la mente. El sabio Santideva declaraba: «Para vencer todos los obstáculos, me entregaré a la concentración, sacando la mente de todos los senderos equivocados y encauzándola constantemente hacia su objetivo». La concentración es la atención unificada y bien dirigida. Una mente concentrada se previene mejor contra las influencias nocivas del exterior y mantiene mejor el equilibrio ante las adversidades. La mente concentrada se encuentra en mejor disponibilidad para controlar los órganos sensoriales y desarrollar un entendimiento correcto. Es como una casa bien techada, en la que no entra la lluvia. De la virtud y la concentración brota la sabiduría. Existen muchos ejercicios de meditación para conseguir el gobierno de la mente. En ese maravilloso libro que es el *Dhammapada* podemos leer: «Es bueno controlar la mente: difícil de dominar, voluble y tendente a posarse allí donde le place. Una mente controlada conduce a la felicidad». Del mismo modo que una bandera se mueve porque el viento provoca ese movimiento, si en la mente hay tanto descontrol es porque sus tendencias latentes la agitan. También su ignorancia básica, que se traduce como ofuscación, avidez y odio, la desasosiegan y la dispersan. El trabajo meditativo consiste en ir eliminando esa ignorancia e ir logrando que la mente gane en concentración, claridad y sabiduría. En el *Dhyanabindu Upanishad* se nos dice: «Alta como una montaña, larga como mil leguas, la ignorancia acumulada durante la vida sólo puede ser destruida a través de la práctica de la meditación: no hay otro medio posible».

El Anciano y el Bandolero

 Un anciano muy religioso viajaba de un monasterio a otro a lomos de una mula. El sol era tan implacable y el camino tan largo que sus fuerzas se debilitaron de tal modo que perdió el conocimiento y cayó de la montura. Pasaba por allí en esos momentos un bandolero tristemente célebre por sus muchas fechorías, pero que al contemplar la situación del viejo se apiadó de él y, cogiéndole entre sus fornidos brazos, trató de darle un poco de agua. De repente el anciano volvió en sí y en seguida tomó conciencia de que ese hombre era el famoso bandolero, por lo que se sintió espantado y comenzó a gritar:

—¡No, no aceptaré ni una gota de agua, ya que viniendo de un malhechor como tú seguro que está envenenada! ¡Quieres matarme y robarme mi mula, pero no lo conseguirás!

—Te equivocas –dijo el bandolero–; mi agua es de manantial, pura y fresca, y te ayudará a reponerte.

—¡No, no, está envenenada!

—Créeme anciano –adujo afectuosamente el bandolero–, esta agua es muy sana y te dará las fuerzas que ahora necesitas.

—¡Te digo que no la beberé, maldito! Nada bueno puede proceder de ti. ¡No probaré ni una sola gota!

Y, negándose a beber, el extenuado corazón del anciano falló y le sobrevino la muerte.

REFLEXIÓN

El antiguo y significativo adagio reza: «Hasta en la nube más oscura hay una hebra de luz». La desconfianza sistemática no es una buena consejera. Cada noche que te acuestas a dormir, confías en que despertarás... aunque tal vez un día no lo hagas. La mente renovada y madura es aquella que no se deja condicionar por modelos, prejuicios o patrones. Vive más en lo que es, libre de suspicacias o infundadas sospechas, lo que no quiere decir que sea injustificadamente imprudente. A menudo todos desarrollamos prejuicios y preconceptos con respecto a otras personas, hasta tal punto que no les damos la oportunidad de que nos demuestren su buena fe o disponibilidad si la tienen. Entonces nos comportamos injustamente y además, en último caso, nos perjudicamos a nosotros mismos. Hay que dar un voto de confianza, aunque sea desde la adecuada prudencia, y así nos lo daremos a nosotros mismos.

No debemos dejarnos influir por ideas dudosas e, incluso si se trata de personas que resultan sospechosas por su trayectoria, podemos tratar de sopesarlas, aunque sin dejar de protegernos. Muchas personas reaccionaron positivamente en esta vida porque recibieron una nueva oportunidad de hacerlo.

La $\mathscr{E}$stratagema del $\mathscr{D}$ivino

Era una diosa de inmaculada pureza pero cuyo corazón no era lo suficientemente tierno y compasivo. Censuraba a todos aquellos que no eran como ella, sin tener en cuenta las circunstancias y contratiempos de sus vidas. Su esposo, el Divino, le dijo entonces:

—Eres como el más puro de los lotos, pero no debes censurar o criticar a los otros porque no puedan ser como tú.

La diosa no le prestó atención y en verdad ni siquiera quiso escucharle. Entonces el Divino ideó un plan para propinarle la lección que necesitaba.

Cierta noche, cuando la diosa estaba dormida, le cortó la cabeza y la colocó sobre los hombros de la ramera más depravada de la ciudad, en tanto que puso la cabeza de la prostituta sobre los hombros de la diosa. Dejaría así las cabezas, intercambiadas, a lo largo de tres jornadas.

Cuando la diosa despertó y se vio en el cuerpo de una impura ramera, creyó enloquecer. Pero fue así como tuvo ocasión de conocer la verdadera vida de la prostituta. Los padres de la mujer la habían obligado a prostituirse desde muy niña y luego fue vendida a un terrateniente y se quedó embarazada. El terrateniente maltrataba a la mujer y al hijo. Entonces huyó a la ciudad. Allí tuvo que seguir prostituyéndose para poder sobrevivir y alimentar al niñito. A pesar de todo ello, era una ferviente devota de la diosa y nunca dejaba de hacerle ofrendas y de elevarle sus plegarias.

Transcurridos los tres días, la cabeza de la diosa volvió a ser colocada en su cuerpo. Desde entonces aprendió a ser mucho más tolerante y sobre todo compasiva. En su corazón ya no sólo resplandecía la pureza, sino también la comprensión y el amor.

REFLEXIÓN

Nunca mejor dicho que hay que ponerse no sólo en el lugar de otro, sino en la cabeza de los demás, para tratar de darse cuenta de cuáles son sus dificultades y vicisitudes, y tratar de, sensiblemente, identificarse con ellas, experimentar compasión y ser más comprensivo y generoso. Aquel que no sabe ver las necesidades ajenas ¡cuánto menos podrá atenderlas! El que únicamente tiene ojos para sí mismo se pierde la fecunda contemplación de las otras criaturas. La pureza sin amor es como una flor sin aroma.

¿No te *B*asta con *V*ivir?

 Un discípulo llevaba ya muchos meses al servicio de su mentor espiritual. Todos los días eran iguales: un par de horas de meditación, un paseo, preparar una taza de té, asear la celda, hacer la cena, lavar los platos... Así pasaban los días, las semanas, los meses...

Cierto atardecer, el discípulo le dijo al maestro:

—Venerable preceptor, pasan los días, pasan los meses...

—¿Y...?

—No me enseñáis nada.

El maestro le miró muy fijamente y le preguntó:

—¿Acaso no te enseñé a meditar y lo haces un par de horas todos los días?

—Sí, es cierto, pero van pasando los días, van pasando los meses, y todo sigue igual.

—Empero, ¿no preparas diariamente el té, ordenas tu celda, haces la cena, lavas los cacharros y dormimos?

—Efectivamente, y pasan los días, pasan los meses, es siempre lo mismo. ¿No hay nada más?

Entonces el maestro dijo:

—¿Te parece poco, amigo mío? Es la vida y te parece poco. Meditas, preparas el té, ordenas la celda, lavas los cacharros, te vas a dormir... ¿Y te parece poco? Es la vida. ¿Qué más puedo enseñarte, qué otra verdad más elevada puedo impartirte, qué otros métodos puedo mostrarte? Vives. ¿No te basta?

REFLEXIÓN

La vida es una sucesión de hechos y acontecimientos, muchas veces repetidos o rutinarios y otras, las menos, más relevantes o extraordinarios; pero hay que abrazar la vida toda y aprender de todos los acontecimientos, pues incluso los más triviales pueden vivirse desde la atención y la plenitud, y convertirse en maestros de realización.

La Tentación

Era un gran negociante, pero también un hombre religioso. Al morir su esposa, abandonó los negocios en manos de su hijo y pensó en dedicarse intensamente a la práctica de la meditación, ya que a pesar de sus muchas riquezas no había hallado la paz espiritual, pero antes de tomar esa decisión, quiso viajar por algunos países budistas y se desplazó hasta Tailandia. Entró en un templo y observó que junto al altar los fieles habían puesto dinero, una casita y un coche en miniatura.

—¿Qué significa todo esto? –preguntó el negociante.

Uno de los devotos presentes contestó:

—Se trata de un funeral. Los deudos ponen dinero, una casita y un coche en miniatura para que el muerto, en su próxima vida, no carezca de tales posesiones.

«¡Es lamentable hasta dónde puede llegar la superstición!», se dijo para sí mismo el viajero.

El negociante regresó a su hogar. Semanas después del viaje y mientras organizaba todos sus asuntos para dejarlos en manos de su hijo, se dijo: «¿Y si fuera verdad? ¿Y si así se consiguiera una vida con mayores comodidades y lujos?». Intentó olvidar la idea, pero no le resultaba posible, y una y otra vez volvían los mismos pensamientos.

Una tarde, el negociante se dirigió a su hijo para decirle:

—Querido hijo, cuando muera, deseo que el día de mi funeral coloques en el altar un coche en miniatura, una casita y algo de dinero. De ese modo, si vuelvo a nacer, tendré una existencia confortable.

El hijo, que no ignoraba esa superstición, replicó:

—Padre, creía que lo dejas todo para intentar alcanzar la iluminación definitiva que evita cualquier otro renacimiento. Y, sin embargo, resulta que te preocupas ahora por asegurarte una próxima vida llena de lujos.

El padre se dio cuenta de su debilidad y, avergonzado, le dijo a su hijo:

—¡Cuánta razón te asiste, hijo mío! Por unos momentos he sido tentado. Si no logro liberarme en esta vida, te ruego que en mi altar funerario, cuando muera, coloques tan sólo una flor. Así renaceré en una flor, libre de apegos, de ego y de maldad.

Durante años, el hombre se dedicó a la práctica de la meditación y la evolución del espíritu, y consiguió un estado de gran pureza mental, pero nadie puede saber si alcanzó la liberación definitiva. Murió apaciblemente y su hijo, cuando tuvo lugar el funeral, colocó una flor en el altar funerario. Años después él mismo siguió el ejemplo de su progenitor y le pidió a su hijo que pusiera una flor en su altar mortuorio cuando llegara el momento de hacerlo.

REFLEXIÓN

Una de las raíces innatas de la mente es la avidez o codicia, tanto más pronunciada en una sociedad que toma la dirección en ese sentido y desarrolla toda clase de deseos ficticios e innecesarios y, por supuesto, antinaturales. No es fácil de aniquilar esta raíz, pero hacerlo es la única forma de poder seguir en la ruta hacia el mejoramiento humano y la elevación de la conciencia. Aprender a refrenar la avidez es muy importante, pero aprender a desenraizarla lo es mucho más. Hay que irse librando de la codicia mediante la práctica de la meditación, el desarrollo de la generosidad y la compasión, el entendimiento claro y la percepción profunda de que todo es efímero e impermanente.

En Busca del Valle perdido

En la inmensidad de la cordillera Himalaya abundan los hermosos, recoletos y silentes valles paradisíacos. En uno de ellos habitaba un grupo de personas, que allí disponía generosamente de todo lo que pudiera desear: sabrosas frutas, un clima idílico, frondosos árboles, riachuelos de cristalinas aguas, multitud de especies de flores, innumerables pájaros de maravillosos trinos y una vida sumamente agradable. Era un valle de felicidad, lejos del mundanal ruido, libre de tensiones y conflictos, donde reinaba la paz.

A pesar de todo ello, en este paradisíaco valle había un joven que no era capaz de apreciar su hermosura y sosiego, y que a menudo se aburría insuperablemente. Cierto día su sabio padre le dijo:

—Hijo mío, pero ¿no te percatas de lo afortunado que eres? El aire es puro, la atmósfera serena, la gente buena y pacífica, los frutos de la tierra abundantes... No hay contaminación, ni violencia, ni ningún tipo de fricción. Todo inspira e invita a la quietud, la dicha y al calma.

—Ya lo sé, padre –repuso el joven–, pero me aburro. No puedo superar el tedio. Así que no me queda más remedio, padre amado, que buscar otros lugares.

A pesar de las súplicas de su padre, el joven no desistió de su idea y decidió partir. Caminó durante días y días, cruzó montañas, desfiladeros, valles y bosques, hasta que llegó a una ciudad.

En la ciudad a la que accedió, el ruido era espantoso, la gente hosca y malhumorada, el aire poluto y maloliente. Al principio, el joven se divertía con la novedad, e incluso parecía entusiasmado. Había estruendo, las gentes hablaban incontroladamente y a voz en grito, muchos fumaban o se emborrachaban, unos peleaban contra otros, se insultaban o desdeñaban, había todo tipo de diversiones y distracciones, pero no se veía feliz a casi nadie, los rostros estaban contraídos y la mirada era apagada.

Paulatinamente el joven se fue dando cuenta de que el aire era allí irrespirable y el ruido laceraba los oídos; las personas eran en su gran mayoría adustas y maleducadas; las diversiones burdas e incluso soeces y sórdidas. Empezó a echar de menos el valle en el que había tenido la gran fortuna de nacer. Pensó en volver, pero, con terror, descubrió que no recordaba el camino de vuelta. ¿Qué hacer? Pidió ayuda. Acudió a la policía y explicó a los agentes que anhelaba volver a su valle de nacimiento, junto a su familia. Los agentes enviaron patrullas en busca del valle del joven, pero todos los intentos terminaron por fracasar. Incluso el ejército prestó su cooperación, pero nadie lograba dar con el minúsculo lugar en la inmensidad de la cordillera de los Himalayas. Todos los intentos resultaron en vano y fueron muchos los que comenzaron a pensar que el muchacho estaba loco y no existía ese valle. El joven lo había perdido para siempre.

REFLEXIÓN

Este cuento es una hermosa y significativa parábola. Lo que tenemos que comprender es que el valle más sosegado y dichoso es el que podemos hallar dentro de nosotros. Tanto nos hemos exteriorizado que, como el hijo pródigo, nos hemos alejado del hogar interior al que un día tendremos que regresar para conciliarnos con nuestra naturaleza de iluminación interior. Buscamos y buscamos en los objetos externos, sin percatarnos de que la quietud sólo puede hallarse dentro de uno mismo. En el exterior encontraremos, sí, alegría y pesares, diversiones y distracciones, pero no podremos satisfacer nuestro anhelo de paz interior y seguiremos tratando de cubrir nuestro vacío interno con todo aquello que no está capacitado para llenarlo. Hay que saber relacionarse con la naturaleza original de la mente y, mediante la práctica de la meditación y las técnicas introspectivas, ir pudiendo establecerse en su fuente de calma. El sabio Padmasambhava decía: «En su auténtico estado la mente es clara, inmaculada, no está hecha de nada, sino de vacío, es simple, vacua, sin dualidad, transparente, sin tiempo, no compuesta, ininterrumpida, incolora, no comprensible como cosa separada sino como unidad de todas las cosas; sin embargo, compuesta por ellas, de un solo sabor y más allá de toda diferenciación».

Cuando uno se instala en esa mente silenciosa, se experimenta esa dicha interior que es diferente al goce que proviene del exterior y que por tanto es gozo.

Más Allá del Ego

 Era un discípulo que había comenzado a estar siempre atribulado y confuso porque no hallaba las respuestas que anhelaba a los muchos interrogantes existenciales que se planteaba. Quería descubrir la esencia y el sentido de la vida a través del intelecto, sin darse cuenta de que hay realidades que escapan al raciocinio y no pueden ser reducidas a las palabras. Tan desesperado llegó a estar que solicitó un encuentro especial con su mentor espiritual.

Al amanecer, preceptor y discípulo se sentaron apaciblemente a cambiar impresiones. El discípulo, angustiado, confesó:

—Venerable maestro, me hallo en una verdadera y angustiosa encrucijada. Quiero descubrir quién soy, pero no lo consigo. A veces siento tal desánimo que incluso creo que lo mejor es dejar la búsqueda espiritual; otras me obsesiono de tal modo por descubrir quién soy que ni siquiera puede haber un instante de sosiego para mi mente y no puedo conciliar el sueño. Tengo la impresión de que voy a enloquecer. Ideas, conceptos, pensamientos, suposiciones, doctrinas...

—Así no podrás aprehender la última realidad ni hallar la paz interior –sentenció el maestro.

—Pero ¿qué puedo hacer? ¡Hay tantas preguntas...!

—¿Y cuál es la que más a menudo te haces? –quiso saber el mentor.

—Sin duda, respetado maestro, la que más a menudo me hago es: ¿qué o quién soy yo?

El mentor se echó a reír y luego exclamó:

—¡Oh necio! ¿Y para qué queremos un yo?

En ese momento, el atormentado discípulo tuvo un destello de comprensión profunda y reveladora, y consiguió trasladarse más allá del angosto pensamiento.

REFLEXIÓN

Uno de los grandes escollos hacia la realización de sí es el apego a nuestro pequeño yo y el aferramiento a nuestro sentimiento de individualidad y separatividad, cuando es éste el que crea muchas zozobras y la denominada, con razón, angustia de la separación. Al aferrarnos al pequeño yo, ignoramos nuestra naturaleza real, pues es como si la ola del océano se creyese aparte de éste, cuando es en él donde surge, persiste y se desvanece; su naturaleza no es otra que el ilimitado océano mismo. El aferramiento al pequeño yo nos limita y nos impide obtener la percepción de la «pantalla cósmica» donde ese yo surge y viene dado por la vinculación con el cuerpo y la mente. Ese pequeño yo es como un reflejo que tomamos por la realidad, como si creyésemos que el sol reflejado en un cubo de agua es el verdadero sol. El pequeño yo es provisional y no debemos dejarnos aturdir por él, porque en ese caso es como el actor que de tal modo se identifica con el personaje que interpreta que se aliena y deja de ser él mismo, creyéndose el personaje. De tanto dejarnos prender por el pequeño yo, no nos damos cuenta de lo cósmico que nos trasciende, y nos dejamos atrapar por mezquindades y apegos bobos. El pequeño yo nos encadena y nos priva de la posibilidad de una experiencia de conciencia de orden superior, que sólo deviene cuando el pequeño yo es controlado o por momentos disipado. En meditación profunda, este pequeño yo se desvanece y entonces se rescata una experiencia de ser mucho más profunda y donde empieza a brotar la esencia de la sabiduría, que es la que procura la emancipación interna. Dice el sabio Shankaracharya: «De entre todas las causas, la Sabiduría es la única que proporciona Libertad perfecta. Así como sin fuego no hay conocimiento posible, la Libertad perfecta no puede lograrse sin Sabiduría».

Las $\mathcal{M}$ulas

Había una vez un discípulo que resultaba excesivamente individualista y que por ello consideraba que todas las comunidades espirituales o las escuelas eran innecesarias e incluso absurdas. A menudo se decía: «Si cada uno tiene que conseguir por sí mismo llegar a la iluminación, ¿para qué es necesaria la ayuda de los otros?»

Un día se entrevistó con un mentor espiritual y le expuso su punto de vista. El mentor dijo:

—Fíjate, amigo mío, precisamente quería proponerte una tarea y así ganarás un poco de dinero que te puede venir muy bien. En mi monasterio hay una roca inmensa que no puedo mover. Me gustaría que alquilases una mula y la cambiaras de sitio.

—Lo haré de sumo agrado. Pero a cambio no quiero ninguna suma de dinero, sino saber si son o no necesarias las escuelas espirituales.

—De acuerdo –convino el mentor–. Cuando hayas acabado el trabajo, te contestaré.

El discípulo alquiló la mula e intentó mover la roca, pero era ésta tan pesada que el animal no podía con ella. Por esta razón, se decidió a alquilar otra mula, pero los dos animales tampoco lograron acarrearla. Alquiló una tercera y tampoco fue posible trasladar la pesada roca. Finalmente, alquiló media docena de mulas y entre todas sí consiguieron transportar la colosal piedra. Después acudió a visitar al maestro a la espera de la anhelada respuesta. El mentor dijo:

—¿Todavía necesitas una respuesta cuando has tenido que recurrir a media docena de mulas para poder mover la roca que una sola no podía?

Al instante el discípulo comprendió. El mentor agregó:

—Cada persona es su propia vía, pero hasta el más intrépido escalador requiere la ayuda de los otros.

REFLEXIÓN

En la senda hacia la liberación, cada uno es en última instancia su propio maestro y su propio discípulo; uno tiene que recorrer la senda, hallar refugio dentro de sí mismo y encender la propia lámpara. Contamos para ello con las enseñanzas y los métodos, pero también nos son de aliento, consuelo, ayuda y referencia personas que tengan nuestras aspiraciones espirituales y que nos sirvan de referencia, compañeros espirituales y amigos en la larga senda hacia el autoconocimiento y la realización de sí. En lo posible, hay que asociarse con personas nobles y sabias, y no con aquellas que nos confundan o que entorpezcan nuestro viaje espiritual. También los amigos espirituales nos ayudarán a conocernos, diciéndonos con sinceridad cuáles son nuestros fallos y haciéndonos descubrir nuestros autoengaños. Todo tipo de amistad es muy valioso y la amistad espiritual aún lo es más. Entre los amigos espirituales surge un amor muy especial y una energía que ayuda a no desfallecer y a seguir la senda con más entusiasmo. Ya en el *Anguttara Nikaya* se nos señala que para la liberación de la mente del inmaduro una de las cinco cosas que nos ayudan a madurar es un buen amigo, y las otras una conducta virtuosa guiada por los preceptos esenciales de la disciplina; el buen consejo tendente a la ecuanimidad, la calma, la cesación y la iluminación; el esfuerzo para eliminar los malos pensamientos y adquirir otros saludables, y la conquista de la sabiduría que discierne el origen y destrucción de los fenómenos. Los amigos espirituales nos pueden ayudar mucho a conocer nuestros rasgos negativos, señalándonoslos abiertamente. Hay que dar la bienvenida a los compañeros espirituales que nos hacen ver nuestras faltas para poder superarlas, y no a aquellos que se pierden en inútiles halagos. En el *Dhammapada* se nos aconseja: «Si encontráis un amigo inteligente, apropiado para acompañaros, de buena conducta y prudente, en tal caso vivid con él felizmente y vigilantes, venciendo todos los obstáculos. Si no encontráis un amigo inteligente para acompañaros, de buena conducta y sagaz, entonces vivid solos como el rey que ha renunciado al país conquistado, o como un elefante paseándose solo por el bosque».

El Río

 Era un río caudaloso, pero que se deslizaba majestuoso y tranquilo, sorteando con habilidad toda suerte de obstáculos, sin que nada pudiera frenar su curso. Atravesaba valles, gargantas, bosques, junglas y desfiladeros. Imparable, seguía su curso, pero de repente llegó el desierto y sus aguas comenzaron a desaparecer bajo sus abrasadoras arenas. El río se espantó. No había manera de atravesar el desierto y, sin embargo, anhelaba poder desembocar en otro río. ¿Qué hacer? Cada vez que sus aguas llegaban a la arena, ésta se las tragaba. ¿No habría otra forma de atravesar el desierto? Entonces escuchó una misteriosa voz que decía:

—Si el viento cruza el desierto, tú también puedes hacerlo.

—Pero ¿cómo? –preguntó el río desconcertado.

—Permite que el viento te absorba –respondió la misteriosa voz–. Te diluirás en él y luego lloverás más allá de las arenas, se formará otro río y éste desembocará en uno mayor.

—Pero ¿seguiré siendo yo? –quiso saber el río angustiado, temiendo perder su identidad.

—Serás tú y no serás tú. Serás el agua que llueva, que es la esencia, pero el río será otro.

—Entonces me niego a ello. No quiero dejar de ser yo –aseveró el río.

Pronto las aguas del majestuoso río se extinguieron en las secas arenas del inmenso desierto.

REFLEXIÓN

Todos los grandes maestros espirituales y sabios han visto en el ego un obstáculo grave en la senda de la autorrealización, porque la persona pone tanto énfasis en su desarrollo que se olvida de su naturaleza real, viviendo así en la máscara y no en la esencia, en el yo social y no en el ser. A la persona le aterra perder su «egoidad», cuando si se descorre el velo del egocentrismo, uno se encuentra cara a cara con su verdadero yo real. Muchos mueren por no querer ver morir a su ego y otros hallan la verdadera vida cuando es su ego el que muere. Supongamos la tuerca de un avión que, aferrada a su individualidad, no es capaz de percibir el avión del que forma parte y que la transporta. El místico de Benarés Kabir decía: «El mar y sus olas son una unidad: ¿qué diferencia hay entre él y ellas? Cuando se levanta una ola, es de agua, y de agua es al caer de nuevo. ¿Dónde está, pues, la diferencia? ¿Deja de ser agua porque se la llamó ola? Dentro del Ser Supremo existen los mundos como cuentas de un rosario. Contempla este rosario con el ojo de la sabiduría».

Un Filósofo en Aprietos

 Se trataba de un gran filósofo, de tal modo que, a menudo, muchas personas le planteaban las más sutiles cuestiones y él siempre sabía hallar la respuesta precisa y satisfactoria. Se jactaba de ello. Era muy hábil con los conceptos y con las palabras. Se tenía por dialécticamente invencible.

Un día se encontraba paseando apaciblemente y se topó con dos niños que discutían exaltados. A punto estaban de llegar a las manos, cuando el filósofo se interpuso entre ellos y les dijo:

—Jovencitos, nada de peleas. Decidme cuál es el motivo de tan apasionada discusión.

Uno de los muchachitos respondió:

—Yo aseguro que el sol está cerca de nosotros cuando sale y que se aleja al mediodía.

El otro intervino para decir:

—Pues yo digo lo contrario. El sol está más lejos cuando sale y mucho más próximo al mediodía.

El filósofo les pidió que se sentaran a su lado y razonaran sus puntos de vista:

El niño que había hablado en primer lugar dijo:

—El sol es más grande cuando surge en el horizonte y se torna más pequeño cuando trepa al centro del firmamento. ¿Acaso no se aprecian las cosas más grandes cuando están cerca y más pequeñas cuando están lejos?

—Es un buen razonamiento –convino el filósofo.

Pero el otro niño replicó:

—¿Acaso no calienta el sol más al mediodía que cuando nace en el horizonte? ¿Acaso algo no calienta más cuando está más cerca que cuando está más lejos?

—Otro buen razonamiento –acordó el filósofo.

Entonces los dos niños dijeron:

—Tienes fama de saber mucho –Era un filósofo muy célebre–. Dinos, pues, quién de nosotros tiene la razón.

El filósofo se quedó estupefacto. Aquellos muchachitos le ponían en un gran aprieto.

—No sé qué deciros –confesó consternado.

Los niños se rieron, cambiaron de tema de conversación y se pusieron a jugar alborozados.

REFLEXIÓN

La razón ejerce su función, desarrolla su papel, pero no es omnipotente. Hay una bella instrucción: «Dieciséis veces más importante que la luz de la luna es la luz del sol; dieciséis veces más importante que la luz del sol es la luz de la mente; dieciséis veces más importante que la luz de la mente es la luz del corazón». La inteligencia racional es un lado; la sabiduría emocional, otro. La sabiduría no es información, conocimientos, cultura, datos o ideas. Podemos encontrar muchas personas con conocimientos, pero pocas con sabiduría. El conocimiento no libera de los impedimentos de la mente; la sabiduría, sí. El conocimiento no es transformativo; la sabiduría transforma. Con alguien con conocimientos, aprendemos: nos transmite su información. Junto a una persona de sabiduría, experimentamos vivencias y su presencia nos ayuda a cambiar. El que tiene conocimientos sigue siendo víctima de apegos, pero la persona sabia está libre de todo ello. El sabio no sólo es inteligente, es virtuoso; el que posee muchos conocimientos puede ser un malvado. Hay personas con muchos conocimientos que son muy doctas en su ignorancia primordial; hay sabios de escasos conocimientos, pero que por su poder interior pueden conquistar con su sosiego al airado, con su amor al que odia, con su visión clara al ofuscado. Personas con muchos conocimientos pueden herir y explotar a los otros, ser ofensivas y hostiles, pero el sabio es amoroso e inofensivo, presta a cooperar, libre de las cadenas del apego y el odio. Dondequiera que se halle, luce con luz propia; dondequiera que se encuentre, será de ayuda a los que quieran hollar la senda de la realización interior.

La Vanidad del Triunfador

En el centro de una región muy se-
ca, había florecido un frondoso y
espectacular bosque. Las gentes de
las localidades cercanas se acercan
habitualmente hasta esta privilegia-
da área de la naturaleza a refrescar-
se y no pueden dejar de preguntarse, intrigados, cómo ha
podido surgir un vergel así en un entorno tan árido. Sólo
el anciano que custodia el bosque conoce la respuesta. Si
se le pide, se sentirá muy dichoso de poder contar la
siguiente historia:

Érase un joven que se había entrenado diligente y
pacientemente hasta convertirse en un gran atleta. Se
servía de una larga rama como pértiga para poder cruzar
los ríos; solía competir con otros en esta prueba y siempre
salía victorioso. Nadie había sido capaz de superarle: tal

era su vigor y su destreza. Poco a poco, debido a sus continuos éxitos, se había tornado sumamente vanidoso e incluso soberbio y no dejaba de jactarse de sus habilidades. Muy pagado de sí mismo, había hecho correr la noticia de que entregaría un buen número de monedas de oro a aquel que fuera capaz de saltar más longitud que él. Deseosos de obtener el premio, muchos se le enfrentaron, pero nadie lograba vencerle y él siempre salía triunfador. Sin embargo, se sentía cada vez más insatisfecho y no era dichoso. Ansiaba, vorazmente, seguir compitiendo, venciendo y alimentando su soberbia. Desafiaba continuamente a unos y a otros, y la competición se había vuelto para él una adicción obsesiva.

Tenía un buen amigo de la infancia que solía prevenirle:

—Debes acabar con todo esto. Tu afán de competir te devora y no piensas en otra cosa.

Un día, el competidor dijo:

—Te haré caso, pero debo probarme una vez más. Hay un gran río en el norte y quiero celebrar un concurso para ver quién puede saltarlo con una pértiga. Si alguien me vence, le daré la mitad de mi fortuna.

Se convocó la prueba. Todos los participantes fueron efectuándola con mayor o menor acierto. Cuando le llegó el turno al joven de esta historia, éste corrió como un gamo, con todas sus energías, clavó la pértiga en el centro del río y saltó con su acostumbrada habilidad, pero he aquí que en esta ocasión la rama que le servía de pértiga se quebró, el atleta fue a dar con la cabeza contra una roca del río y halló la muerte al instante.

La rama rota brotó y brotó hasta que fue configurando con el tiempo un bosque maravilloso. El amigo del fallecido se convirtió en el guarda de ese bosque.

REFLEXIÓN

Desde la perspectiva del ego todo se convierte en una contienda, un combate, un escenario en el que afirmarse y vencer. Así es el ego. Sus tentáculos son innumerables y su afán de afirmarse es inmensurable. Nunca está satisfecho y por eso nunca es feliz. Es como un estómago sin fondo. Toneladas de «alimentos» no pueden saciarle. Es voraz e implacable en su voracidad. Pero no se puede vivir sin ego, porque éste nace de la vinculación con el cuerpo, el sentido de separación, las propias necesidades, la mente, la imagen y muchos otros elementos que configuran su descomunal burocracia; pero sí se puede vivir con un ego controlado y que no se desmesure. Cuanto más ego, más vulnerabilidad, intranquilidad, ansia y desvelos, para finalmente desembocar donde todos lo hacen: el reino de la muerte. Sin tanto ego uno comienza a ser más dichoso. No hay tanta necesidad, ni tan compulsiva, de afirmarse, ganar consideración, conseguir ser aprobado y respetado. Tanto se atiende el ego que deja uno de vear por su propio y verdadero ser. ¡No hay peor negocio! Mediante la práctica de la meditación, el recordatorio de la muerte, el entendimiento correcto y la reflexión lúcida, iremos controlando el ego, para que sea nuestro secretario y no nuestro amo. Sus males son innumerables: arrogancia, fatuidad, soberbia, suspicacia y susceptibilidad, rabia, vanidad y tantos otros. Hay que tener un ego maduro, pero controlado, puesto al servicio de la razón y la compasión. Del ego nacen el apego y el aborrecimiento, y cuando los actos mentales, verbales y corporales están guiados por el apego y el aborrecimiento, se desencadena mucho sufrimiento hacia uno mismo y hacia los demás. El ego crea el sentimiento de separatividad y suscita la angustia y el miedo. El ego desmesurado hace que la mente se aferre a todos los objetos, burdos o sutiles, y se crea así una gran cantidad de sufrimiento que bien podría evitarse. Shankaracharya, el gran sabio hindú, nos aconsejaba: «Refuerza tu identidad con tu Ser y rechaza al mismo tiempo el sentido del ego con sus modificaciones, que no tienen valor alguno, como no lo tiene el jarro roto».

Bisuteros y Joyeros

 Unos discípulos le preguntaron a un sabio:

—Venerable señor, ¿qué diferencia existe entre un falso maestro y uno verdadero?

El mentor repuso:

—La que puede existir entre el bisutero y el joyero. El primero se sirve del cristal y el segundo del diamante.

—Pero entonces –prosiguieron los discípulos–, ¿por qué hay aspirantes que van al bisutero en lugar de acudir al joyero?

—Muy sencillo. Los que no pueden pagar un diamante van al bisutero; los que pueden, al joyero. Así, el aspirante que no quiere pagar con su esfuerzo, motivación y disciplina va al falso maestro; el que está dispuesto a hacerlo, al verdadero.

REFLEXIÓN

En la senda hacia la armonía, el esfuerzo es insoslayable, es energía y nace de la motivación correcta. No se trata de un esfuerzo compulsivo o coercitivo, pero sí de uno bien encauzado. No podemos progresar en ningún aprendizaje si no se ejecuta el esfuerzo oportuno. La holgazanería, la apatía, la desidia y la negligencia son obstáculos graves en la senda del autoconocimiento y la realización de sí. Es necesario activar la voluntad y ponerla en marcha para irse transformando. Hay un adagio que reza: «No basta con pronunciar la palabra luz para que la lámpara se encienda». En todo bloque de mármol potencialmente está la escultura, pero el escultor tiene que esculpirla. El esfuerzo es un factor liberatorio de primera importancia, como la pereza es un escollo que hay que salvar. Abundan los falsos maestros que ganan muchos discípulos porque les dicen que no tienen que hacer ningún esfuerzo y que ya lo harán por ellos. ¡Nada es tan falaz! Sin esfuerzo no hay progreso; sin diligencia no hay avance. El sabio y yogui Patanjali nos dice que para liberar la mente de sus ataduras y hallar la liberación, son necesarios el esfuerzo y el desapego, e incluso para desapegarnos necesitamos el esfuerzo, además de la práctica de la meditación y el entendimiento correcto de la transitoriedad. En mi obra *Grandes Maestros Espirituales* recojo la vida y enseñanzas de los más grandes seres espirituales, y todos invitaban al esfuerzo, porque incluso para llegar al esfuerzo sin esfuerzo de un Lao Tse, ¡cuánta disciplina se requiere! Hay que esforzarse para examinarse y suscitar lo mejor en uno mismo, erradicando lo más nocivo; para estar vigilante a la mente, la palabra y los actos; para seguir el *sadhana* (ejercitamiento espiritual); para suscitar estados mentales laudables y compartirlos con los demás, y para ejercitar el cuerpo, atender la alimentación sana, y aprender a respirar y a dejar impresiones positivas en la mente. Un esfuerzo se requiere para cultivar la amistad y mejorar los lazos afectivos con los demás, y un esfuerzo, y no menor, para ir consiguiendo la realización de sí. Dagu decía: «Difícil es el camino»; uno de los Upanishad: «Más difícil que caminar por el filo de la navaja es caminar hacia la Liberación», y Jesús: «Angosta es la puerta». Buda declaraba: «Quien no se esfuerza cuando llega el momento de hacerlo, quien, aunque joven y fuerte, es perezoso, aquel cuyos pensamientos son descuidados y ociosos no ganará la sabiduría que lleva al sendero». Y animaba a sus discípulos insistiéndoles: «¡Levantaos! ¡Incorporaos! Preparad sin desmayo vuestra paz mental». Por el esfuerzo, sí, se va llegando al no esfuerzo o al esfuerzo natural y, como dicen los sabios chinos, «por lo intencionado se llega a lo inintencionado».

El Fantasma

Dos jóvenes muy enamorados decidieron desposarse. Tras la luna de miel, el hombre pensó que era necesario dejar el pueblo y marcharse a la ciudad para conseguir, aunque fuera temporalmente, un buen empleo a fin de ganar algún dinero. Así, una mañana se despidió de su esposa, diciéndole:

—Mi muy querida, quizá tarde tiempo en volver; tal vez pasen meses o incluso años, pero cuando vuelva dispondremos de los medios para poder tener un hijo.

Los jóvenes se abrazaron con gran ternura y el marido se puso en marcha hacia la ciudad. Pero he aquí que un fantasma los estaba observando sigilosamente y descubrió la partida del joven. El fantasma necesitaba un lugar donde estar, relacionarse, divertirse y ahuyentar su soledad.

Aprovechó, pues, para tomar la apariencia del marido y a los pocos días se presentó en la casa.

—¡Qué maravillosa sorpresa, amado mío! –exclamó la joven, encantada, creyendo que se trataba de su marido–. No te esperaba en mucho tiempo y has regresado en sólo unos días. ¡Qué alegría tan grande!

—Así es, amada mía –dijo el fantasma–. Han prometido avisarme cuando haya un buen trabajo para mí. Mientras tanto, ¿qué mejor que gozar de tu compañía y compartir nuestro inmenso amor?

Como no disponían de medios, los jóvenes vivían con los padres de la mujer. Así transcurrieron los meses. El fantasma estaba encantado, sin hacer nada, dejándose cuidar y atender. Mientras tanto, el verdadero marido ya estaba en la ciudad, había encontrado un empleo y había comenzado a trabajar duramente. De vez en cuando escribía a su esposa, contándole noticias, pero el fantasma se encargaba de interceptar y destruir las cartas.

Transcurrió cerca de un año. El hombre consiguió, con gran esfuerzo y llevando una vida muy austera, algunos ahorros. Había llegado el momento de regresar al hogar. Se puso en marcha hacia su pueblo y días después llegó a la casa de sus suegros. Cuando entró, su esposa estaba acompañada por el fantasma. Si la sorpresa del recién llegado fue mayúscula, la de la esposa fue tal que se desvaneció durante unos minutos. ¡Tenía dos maridos iguales!

—Yo soy tu genuino marido –dijo el verdadero esposo.

—No es cierto. Soy yo –aseveró el fantasma.

Así, comenzaron a porfiar el marido y el fantasma, sin que ningún miembro de la familia pudiese descubrir cuál de ellos era el verdadero, hasta que el padre de la joven tuvo una sagaz idea. Cogió una pequeña bolsa de cuero y dijo:

—Aceptaremos como esposo al que sea capaz de meterse en esta bolsa.

El marido verdadero lo intentó, pero, naturalmente, no pudo conseguirlo. En cambio, el fantasma lo logró sin ninguna dificultad, cayendo en la trampa. Echaron el saco con el fantasma a un profundo pozo y la mujer se abrazó entusiasmada a su auténtico marido. Todos se sentían muy felices. Un año después, los jóvenes tuvieron una niña preciosa. El fantasma nunca volvió a presentarse.

REFLEXIÓN

Hay muchas personas como ese fantasma usurpador, personas aviesas que no reparan en el daño que puedan hacer a los demás y que convierten sus vidas en un verdadero basurero, haciéndose daño a sí mismas y a los demás. Ramakrishna alertaba: «Como una misma máscara puede ser llevada por varias personas, así hay varias clases de criaturas que son humanas sólo en apariencia. Aunque todas ellas tienen forma humana, algunas son como tigres hambrientos, otras como osos feroces y también hay quienes son como astutos zorros o venenosos reptiles». Ciertamente hay gente infinitamente más dañina que el más destructivo animal y que va aprovechándose de cualquier situación en su propio beneficio, pero ni siquiera esa clase de gente debe robarle la paz a la persona noble, que tiene que velar por sí misma y que ha de conseguir oponerse a la ola de pensamientos vengativos con una de pensamientos positivos y no dejar que la malevolencia de los demás le sustraiga su benevolencia, ecuanimidad y sosiego. Ésa es la mayor victoria contra las personas malevolentes que, además, antes o después, serán descubiertas en sus intenciones y actos perniciosos.

¿Destino o libre Albedrío?

Un grupo de aspirantes discutía acaloradamente sobre si existía o no el destino. No lograban en absoluto ponerse de acuerdo, y las posturas de unos y otros eran cada vez más radicales. Acertó a pasar por allí un sabio y le pidieron que mediara en la discusión. Le expusieron el tema que estaban debatiendo y le cuestionaron si para él había destino o libre albedrío.

Tras reflexionar unos instantes, sosegadamente, el sabio aseveró:

—Sois como el cuervo y el búho: cada uno queriendo imponer al otro su punto de vista, si bien para el cuervo el día es el día y para el búho lo es la noche. ¿Por qué os extraviáis en actitudes tan radicales, en opiniones tan extremas?

Los aspirantes se sintieron muy desconcertados y hasta un poco avergonzados.

—Os voy a contar una historia –agregó el sabio–. Se trataba de un magnífico zapatero, el mejor que nadie pudiera imaginar. Fabricaba los zapatos más bellos y a la vez más cómodos, pero he aquí, amigos míos, que nació en un país donde las personas carecían de pies. Eso es destino. Pero, escuchadme, no por ello el zapatero se amilanó, nada de eso. Como era muy creativo y sagaz, ¿para qué creéis que utilizó sus energías?

Los aspirantes se miraron, intrigados, entre ellos y no supieron qué responder. El sabio, sonriente, agregó:

—Pues utilizó sus facultades para comenzar a fabricar formidables guantes, puesto que en ese país las personas sí tenían manos. Eso es libre albedrío o voluntad.

El sabio saludó con un pausado gesto de la cabeza y se alejó, pero a pesar de sus acertadas enseñanzas, los aspirantes, frenéticos, siguieron polemizando entre sí, cada vez sosteniendo entre ellos posturas más extremadas.

REFLEXIÓN

Hay destino y también libre albedrío. Naces en el curso de un río (un país, una familia, unas circunstancias...), que es el destino, pero dentro de él puedes nadar contracorriente, dejarte llevar por las aguas, decantarte hacia una u otra ribera, sumergirte o nadar en la superficie, y todo ello es libre albedrío. Toda persona puede cuando menos cambiar sus actitudes internas y mejorar y, como decía un maestro, cuando no sea posible modificar las circunstancias externas, al menos podrá uno cambiar sus modos de reacción y tomar las cosas del modo más provechoso y constructivo.

$\mathcal{A}$pariencias

 Era un joven discípulo que siempre creía tener razón y se jactaba de la extraordinaria lucidez de su mente. Una tarde, su maestro le invitó a su casa y cuando el joven llegó, le presentó a una mujer de voluptuosas curvas corporales, pero cuyo rostro estaba cubierto por tres velos.

El maestro, dirigiéndose al discípulo, le preguntó:

—¿Qué te impide ver la cara de esta hermosa joven?.

—Los tres velos que la cubren –dijo el discípulo–; aunque, sin duda, es preciosa, como bien habéis señalado, maestro.

—¿Te lo parece?

—Seguro que posee un rostro de cutis terso y amarfilado, donde resalta una mirada inspiradora y profunda; seguro que sus mejillas son tiernamente sonrosadas y sus dientes perfectos como perlas.

El maestro despojó a la mujer de uno de sus velos y le pidió que danzase. Ella comenzó a moverse provocativamente.

—Por su cuerpo grácil y firme –dijo el discípulo–, deduzco que esta mujer tiene un espléndido cuello de gacela y que sus labios son rojos como fresas salvajes.

El mentor le quitó otro velo y preguntó:

—¿Qué te inspira? ¿Qué sientes?

—¡Oh, maestro! Aunque mi camino es el de la austeridad y el autocontrol, basado en la gran lucidez de mi mente, no puedo mentiros. Esta mujer me inspira una desmesurada sensualidad e imagino su piel suave como la seda más delicada. Siento una mezcla de pasión, ternura, simpatía, afinidad y atracción irrefrenable.

En ese momento, el mentor retiró el último velo del rostro de la mujer, y el joven discípulo no pudo sofocar una exclamación de terror. Estaba ante el semblante de una anciana desdentada y con la carne picada por la viruela.

REFLEXIÓN

Lo que percibimos desde la mente condicionada y llena de ataduras y trabas no es lo que es. A menudo vemos lo que nos gustaría ver o lo que temeríamos ver. Buda decía: «Ven y mira». No decía ven y espera, ven y supón, ven y compara o ven e imagina. Decía concretamente: «Ven y mira». Mirar lo que es, sin prejuicios, patrones, expectativas, miedos ni conceptos. Ver lo que es.

El *Brahmin Hipócrita*

 En una casita rodeada por un encantador jardín vivía un brahmán. En el jardín había un buen número de plantas, flores y un hermoso árbol de mango. El brahmán era tenido por muy religioso y él mismo, sin recato, exigía la máxima distinción y respeto de todos sus vecinos. El hombre atendía primorosamente sus plantas y presumía de haber conseguido un vergel en esa pobre y sucia localidad de la planicie de la India. Pero he aquí que cierto día, una vaca entró en él y se comió parte del mango y muchas plantas. La vaca es por excelencia el animal más sagrado para los hindúes y máxime, pues, para los brahmanes, que son la casta más elevada. No obstante, el hombre, enfurecido y fuera de sí, comenzó a golpear de tal modo al pobre animal que terminó por matarlo. Los

vecinos se enteraron del sacrilegio y acudieron, encolerizados, a pedir cuentas al brahmán. No podían creerlo: él, que predicaba la unidad de todo lo existente, había matado a una criatura tan sagrada. Comenzaron a increparle y el brahmán alegó:

—Queridos vecinos, estáis en un grave error. Sois unos ignorantes. Yo no la he matado. Soy un hombre santo; es el mismo Dios el que dirige mis manos y éstas, gobernadas por el Divino, han matado a la vaca. Estoy exento de cualquier culpa.

Dios escuchó al hipócrita brahmán y decidió encarnarse en un anciano yogui. Días después, el yogui pasó por el jardín del brahmán y exclamó:

—¡Qué lugar tan hermoso! Seguro que no hay otro más bello.

—Desde luego que no –repuso orgulloso el brahmán–. En verdad es único.

—Pues debes de ser un excelente jardinero para haber podido cultivar un jardín tan espléndido. ¿O quizá otras manos te ayudan y no es obra tuya?

Colmado de vanidad, el brahmán dijo:

—Nadie me ayuda, buen hombre. Sólo mis manos han cuidado estas plantas que destacan por su frondosidad y hermosura, y que son la envidia de todos mis vecinos.

—Tus manos, ¿verdad? –dijo Dios con ironía–. Tú lo has dicho, bribón, tus manos y no las mías.

REFLEXIÓN

La persona aviesa o desaprensiva recurre a menudo a toda suerte de hipócritas justificaciones o cínicos pretextos, con tal de no reconocer y asumir sus errores o sus conductas malevolentes; pero antes o después quedará al descubierto y, en cualquier caso, siempre es responsable de sus actos y sus consecuencias, y en su fuero interior sabe de su conducta pecaminosa. Conlleva en sí misma su propio castigo y antes o después es desenmascarada, porque como reza un antiguo adagio: «Lo único que distingue la verdad de la mentira es que la primera se mantiene siempre».

El Joven Cruel

 En una misma casa vivían una anciana y un joven de muy malos modales y peores sentimientos. Cada vez que se cruzaba con la temblorosa y frágil mujer se burlaba de ella y a la menor ocasión la empujaba para hacerla caer. En público la ridiculizaba, y se mofaba de su apergaminado rostro y de sus encías desdentadas. Nunca perdía la oportunidad de mofarse de ella.

Y así iba sucediendo a lo largo de meses; pero la anciana tenía un nieto que había invertido muchos años en el estudio de las antiguas medicinas de Oriente. Nada había que desconociera sobre pócimas, ungüentos, bebedizos y plantas perturbadoras de la conciencia. Cuando el nieto regresó al pueblo para visitar a su abuela, los habitantes de la localidad le hicieron saber a qué clase de vejaciones y malos tratos estaba siendo sometida.

El nieto se sintió sobrecogido y experimentó una gran compasión hacia su abuela, pero como era fundamentalmente indulgente no quería vengarse del joven cruel, sino trazar un plan que pudiera darle una buena lección.

Cierto día, entró en la casa del joven despiadado y puso una sustancia especial en sus alimentos. Llegó la noche y el joven cenó de buena gana y se fue a dormir. Al alba se despertó y ya estaba su mente imaginando nuevas burlas para provocar a la anciana, cuando, al intentar incorporarse del lecho, notó una gran debilidad, le faltaba la respiración y le dolían todos los huesos; apenas podía moverse y le costaba mucho fijar la vista. Pero ¿qué le estaba ocurriendo? Casi arrastrándose, extenuado y dolorido, logró llegar hasta el lavabo para asearse. Con horror, contempló su cara en el espejo. Un grito de espanto se escapó de su garganta: no era su rostro el que veía reflejado en el espejo, sino el de la anciana a la que tanto había maltratado. Pasado el primer momento de enorme angustia, se detuvo a contemplar esa cara: apreció una mirada apagada, contempló las profundas arrugas que surcaban la carne, la nariz afilada como un cuchillo, aquellas cejas casi ralas, las encías desdentadas, la vacilante mandíbula, los labios amoratados... Sin embargo, en esas facciones en las que el tiempo había dejado su inexorable huella también había mucho amor, paciencia y serenidad. Los ojos del joven empezaron a llenarse de lágrimas, la ternura afloró a su corazón y comprendió en un momento todo el mal que le había causado a la anciana. Por primera vez pudo ponerse en el lugar de la mujer y sintió un infinito cariño hacia ella.

Al cabo de unas horas, el efecto de la pócima desapareció, y el joven recuperó su aspecto habitual y su excelente vitalidad. Cuando ese día se cruzó con la anciana, se arrodilló ante ella y besó sus pies. Desde entonces, la anciana ganó un segundo nieto y el verdadero nieto se dijo a sí mismo: «Si en este mundo hubiera pócimas para cambiar a todas las personas aviesas, sería un verdadero paraíso».

REFLEXIÓN

Existe mucha crueldad en el mundo y buena parte de ella viene dada por la codicia, el desmesurado egocentrismo y la incapacidad para ponerse en el lugar de los otros y sentir como propio el sufrimiento ajeno. Hay que ir desarrollando el amor incondicional hacia todos los seres si queremos humanizarnos y humanizar el planeta, y si deseamos, realmente, pasar de ser homoanimales a ser seres humanos con un corazón tierno y compasivo. Se nos dice en el *Dhammapada*: «Al que cultiva el amor hacia todos los seres, a ése lo llamo yo noble».

La Broma

Unos amigos decidieron gastarle una broma a uno de sus compañeros. Fueron a verle y le dijeron:

—Un gran maestro del dominio de la mente nos ha entregado una palabra mágica para ti y cualquier cosa que te propongas la lograrás si la repites mentalmente.

El joven se sintió muy complacido. Mientras todos paseaban por el bosque, sus amigos le dijeron:

—Mira ese gran precipicio. Sáltalo. Seguro que con la palabra del maestro no te ocurrirá nada.

El joven, sin dudarlo un instante, saltó por los aires a la vez que repetía la palabra mágica y llegó a tierra firme sin el menor daño.

Al cabo de unos días, los amigos le dijeron:

—En el fondo del mar hay un cofre con muchas monedas de oro que se cayó de un barco. Si alguien lograra bucear hasta allí podría recobrarlas. Sin duda tú, con el apoyo de la palabra mágica, podrás conseguirlo.

El joven, sin vacilar ni por un momento, fue al lugar indicado, se sumergió en las profundas aguas durante un buen espacio de tiempo y logró hacerse con las monedas de oro. Sus amigos no salían del asombro. Había desafiado el vacío y las profundidades marinas. Era verdaderamente insólito.

Sucedió entonces, días después, que una casa se incendió. Dentro de oía llorar a una criatura. Los amigos le propusieron al joven que se enfrentase a aquel nuevo peligro y salvara al niño.

Sin pensarlo un instante, el joven entró intrépidamente en la casa, travesó las llamaradas y, tomando al crío entre sus brazos, lo puso a salvo.

Los amigos estaban tan perplejos que no pudieron resistir la tentación de poner a su compañero al corriente de la broma. Luego le dijeron:

—Pero tienes tanto valor que podrás seguir acometiendo toda suerte de hazañas y proezas, ¿verdad?

El joven comenzó a temblar y aseveró:

—Os aseguro que no. Antes no sentía miedo porque creía que la palabra me protegía de todo. Ahora, sin su protección, no podría nunca repetirlo. Lo cierto es que incluso siento terror por lo que ya he sido capaz de hacer.

Y siguió temblando durante un buen rato.

REFLEXIÓN

Teniendo confianza en los propios recursos humanos no se necesita la palabra mágica. Uno debe hallar protección dentro de sí mismo y refugio en la propia esencia interior. ¿Qué mayor protección que saber controlarse a uno mismo y poder ejercer un laudable dominio sobre las palabras, los actos y los pensamientos? ¿Qué mejor recurso que la conciencia despierta y el corazón compasivo? La más alta posesión de un ser humano es poder contar consigo mismo, desde la humildad y no desde la prepotencia, siendo intrépido en la búsqueda interior y el mejoramiento humano, aprendiendo a vencerse a uno mismo y sin necesidad de vencer a los otros, practicando la verdadera virtud y evitando la negligencia, poniendo el énfasis en desplegar lo que es beneficioso para todos y evitando lo dañino, superando los estados aflictivos de la mente y desarrollando alegría interior para compartirla con las otras criaturas. No hay peor derrota que ir consumiendo la vida sin obtener ni un gramo de sabiduría y compasión.

Las Tres Ancianas

Había una vez tres grandes amigas de la infancia. Inexorables, los años habían ido pasando y, ahora, se habían convertido en unas ancianas. Un día se reunieron para charlar y una de ellas se lamentó así:

—Queridas amigas, ¡qué cruel e implacable es el paso del tiempo! Cuánta amargura siento cuando veo mi piel ajada, mis cabellos encanecidos, estos ojos apagados... Mi rostro ha perdido toda su antigua frescura.

Otra comentó:

—Tienes razón. Envejecemos sin remedio. También yo sufro al contemplar en el espejo mis encías desdentadas, mis ojeras profundas y amoratadas, mis mejillas enjutas y mi cuello flácido y feo. Me miro en el espejo y no puedo reconocerme.

Entonces la tercera amiga y la más avanzada en edad declaró:

—Vosotras sí que me dais lástima, de veras. ¡Pobres amigas mías! Yo también veo lo mismo que vosotras cuando me contemplo en el espejo. No os falta razón al decir que el paso del tiempo es implacable, y es por ello que el espejo ha ido perdiendo su poder de reflejar con fidelidad y su luna ha envejecido de tal modo que deforma todo lo que refleja. Es por eso que nos vemos así, por culpa del espejo, creedme.

REFLEXIÓN

Una de las más sólidas ataduras de la mente es el autoengaño. Los maestros de Oriente lo denominan ilusión o *maya*, que impide ver la realidad como es y que origina confusión e inmadurez en la mente, robando el entendimiento correcto y el proceder diestro. Todos tendemos a tejer una impresionante urdimbre de autoengaños, para no vernos tal cual somos. Si no nos vemos, ¿cómo podremos transformarnos? Tenemos que ser intrépidos para poder mirarnos cara a cara a nosotros mismos e ir descubriendo el lado difícil de nosotros para modificarlo. A través de la autoobservación llegaremos al autoconocimiento, y mediante el conocimiento de sí a la transformación de la mente y la autorrealización.

La Rama

Un guía espiritual, tras una prolongada sesión de meditación, invitó a sus discípulos a dar un paseo. Llevaban un rato caminando cuando, de súbito, el mentor cogió una rama y le preguntó a uno de ellos:

—¿Qué tengo en las manos?

Todo había sido tan repentino que el joven inquirido vaciló y no supo qué contestar; el maestro le golpeó con la rama.

Poco después, se dirigió a otro de los discípulos y le preguntó:

—¿Qué tengo en las manos?

—Quiero verlo; dámelo –dijo el discípulo.

El maestro le pasó la rama y el discípulo, tomándola, golpeó con ella al maestro.

—Has contestado correctamente –aseveró el mentor–. ¡Enhorabuena!

REFLEXIÓN

Existen distintos tipos de saberes, que van desde el saber práctico y cotidiano al existencial y místico. Además, tenemos el saber intelectual o conceptual, que desempeña un papel importante en la vida, pero que también es a veces una madeja en la que nos enredamos inútilmente y nos impide ser directos y sagaces. Cada saber tiene su lugar y hay que aplicarlo de acuerdo a las circunstancias, pero en cualquier caso en nada ayuda extraviarse en elucubraciones o divagaciones. No es a través de las ideas que surge el conocimiento práctico y menos el autoconocimiento.

La Denuncia

 Era un apacible y modesto campesi-
no que sólo poseía un burrito. Cier-
to día, al acudir al establo para darle de comer, descubrió apenado que
se lo habían robado. Se dirigió al
puesto de policía y narró lo sucedi-
do. Uno de los policías le recriminó con acritud:

—¡Es usted un descuidado! No se le ocurre a nadie,
desde luego, tener un cerrojo tan inseguro en la puerta del
establo.

Otro de ellos, en muy mal tono, agregó:

—Es decir, que el burro se veía desde fuera. Pero ¿por
qué la puerta del establo no era más alta? Si se veía al
jumento, eso resultó una tentación para el ladrón, claro
que sí. ¡Vaya ocurrencia!

Un tercer policía añadió:

—Pero lo que resulta inexplicable es que usted no estuviera vigilando al burro. Cada uno tiene que cuidar de lo que posee, vigilarlo y espantar así a los ladrones. Usted se ha comportado negligentemente y por eso le han robado el animal.

A pesar de su paciencia y ecuanimidad, el campesino no pudo al final contenerse y replicó:

—Bueno, señores policías, está bien que me llamen la atención, pero me gustaría decirles que alguna culpa debe de haber tenido el ladrón, ¿no creen?

REFLEXIÓN

Es muy propio de los seres humanos tender a culpabilizar a las personas y hacerles reproches y cargos, en lugar de disfrutar de la preciosa oportunidad que nos brindan de ser comprensivos y de poder otorgar unas palabras para consolar y animar. Mucha gente a la menor ocasión comienza a recriminar a los demás y a hacerles reproches, a menudo cuando más necesitarían un poco de aliento. Hay un ejercitamiento muy constructivo que consiste en saber escuchar sin juzgar y cuando menos sin comenzar a reprochar o culpabilizar. ¿Qué sacamos con hacer cargo de todo a los demás? Buda señalaba: «El que sigue es un hecho de siempre: culpan al que permanece en silencio, culpan al que habla mucho y culpan al que habla moderadamente. No dejan a nadie en el mundo sin culpar».

Impermanencia

Entre los primos de Buda, había uno que le odiaba implacablemente y quería incluso arrebatarle la vida. Se llamaba Devadatta y cierto día, cuando Buda caminaba a través de un desfiladero, le arrojó una roca desde lo alto con la intención de acabar con él. Sin embargo, la roca no cayó directamente sobre Buda, sino a su lado. Buda levantó la cabeza, le vio y siguió caminando apaciblemente.

Una semana después, se cruzó en una vereda con su avieso primo y le saludó afectuosamente, esgrimiendo una sincera sonrisa. Devadatta, perplejo, preguntó:

—Pero ¿no me odias? ¿No estás sumamente irritado conmigo?

—No, claro que no –repuso Buda sosegadamente.

—No lo entiendo. ¿Cómo es posible? —se extrañó Devadatta sin salir de su estupefacción.

Y Buda dijo:

—Porque ni tú eres ya el que arrojó la roca ni yo soy ya el que estaba paseando por allí, y porque, además, ya deberías saberlo: no está en mi actitud ni ser vengativo ni dejarme ganar por la ira.

REFLEXIÓN

Todo está sometido a la inexorable ley del cambio, surgiendo y desvaneciéndose, incluso nuestros estados de ánimo. La mente que acarrea rencor, resentimiento y afán de venganza se torna una mente enfermiza y sufre innecesariamente. Igual que nuestros propios estados de ánimo e intenciones cambian, así lo suelen hacer los de los demás. El odio nos hace depender de la persona odiada; la ira nos altera física y mentalmente y turba nuestro ánimo; el afán de venganza es un veneno persistente que embota la conciencia.

El $\mathcal{C}$umpleaños del $\mathcal{M}$onarca

 Era el monarca de uno de los reinos más poderosos de la India y cumplía cincuenta años de edad. La ocasión era, pues, muy especial para él y quería celebrarlo con nada menos que siete días y sus correspondientes noches de celebraciones insuperables, con toda clase de fastos. Solicitó que cada asistente a la fiesta le llevara el regalo que considerase mejor y que más habría de satisfacerle. Cada invitado trató de aportar el que pensaba era el mejor y más satisfactorio presente. El monarca fue recibiendo los más espléndidos corceles, los brocados más primorosos, las joyas más maravillosas, las tallas de marfil más soberbias, las más fabulosas obras de arte. Y, de repente, un ermitaño semidesnudo solicitó verlo. El rey era un hombre bondadoso y accedió a ello.

—¿Qué regalo me has traído, buen hombre? –preguntó.

—Nada, señor –repuso el ermitaño–, porque tengo entendido que habéis pedido el mejor regalo que cada uno considere y el mejor regalo yo no os lo puedo dar, ni nadie podrá hacerlo; tendréis que conseguirlo vos.

—¿Yo? –preguntó intrigado el monarca–. ¿A qué regalo te refieres?

—El mejor presente, señor, es una mente serena. Yo no os la puedo dar, pero si vos queréis conseguirla, hay medios para ello.

El monarca se quedó impresionado. ¡Era tal el sosiego que exhalaba ese desconocido! Efectivamente coincidía con él en que ése sin duda era el mejor obsequio para cualquier persona inteligente. Se dijo a sí mismo que ya había alcanzado medio siglo de vida, lo poseía todo y, sin embargo, no gozaba de una mente serena.

El ermitaño se quedó varios días con él y le enseñó a meditar. Antes de partir, le dijo al rey:

—Señor, el mejor regalo no os lo he podido brindar, pero os he procurado el modo de conseguirlo.

El monarca repuso:

—Además de un hombre sabio, eres un buen amigo. Me has regalado generosamente una herramienta para hacerme a mí mismo el mejor regalo.

REFLEXIÓN

De la meditación brota la sabiduría y de ésta la visión esclarecida que le otorga el verdadero equilibrio a la mente y que brinda la paz interior. La meditación es como una barca para cruzar de la orilla de la ignorancia y la esclavitud a la de la lucidez y la libertad. Mediante la práctica de la meditación se va liberando la mente de todas sus ataduras: egocentrismo, avidez, odio, ofuscación, celos, envidia, desasosiego, abatimiento, pereza y muchas otras. La meditación es el medio, y el objetivo es la liberación definitiva de la mente. Al meditar cesan los pensamientos, y se obtiene un estado interior de serenidad y un sentimiento inefable de unidad. La meditación es una experiencia que nos transforma y nos permite ir estableciéndonos en nuestra naturaleza real. Es una necesidad específica para reorganizar la vida psíquica y conseguir superar los modelos mentales que engendran desdicha propia y ajena. Los más grandes maestros nos han dejado este obsequio de un valor inestimable. Mediante la práctica de la meditación cultivamos metódicamente la atención consciente; de ésta se deriva la comprensión clara y de la comprensión clara la sabiduría que despierta la conciencia y le otorga un sentido pleno a la existencia.

Ayuda a los Desvalidos

Era un maestro que instruía personalmente a un discípulo y no deseaba que éste se entregase solamente a la meditación y abandonara las acciones generosas, puesto que él bien conocía que la sabiduría estriba en combinar la disciplina mental con la acción generosa. Por ello, todas las tardes lo enviaba a que prestase ayuda a los más desvalidos.

Una tarde, el discípulo fue a una leprosería y estuvo ayudando a los enfermos a comer y a vestirse. Luego regresó a la ermita y esa noche el maestro le preguntó:

—¿Qué tal ha ido todo?

—¡Oh, todo muy bien! –exclamó el discípulo–. He ayudado muchísimo. Todo el mundo estaba encantado conmigo. He preparado comidas, he lavado, he confeccionado vendajes... He sido de mucha ayuda, tanta que incluso lo ha comentado el director de la leprosería y me ha felicitado. Sí, he ayudado enormemente.

El maestro cogió la vela que estaba encendida y la arrojó a un pequeño fuego que había en el exterior para espantar a las alimañas. El discípulo se quedó atónito.

—¿A qué viene este acto impulsivo y absurdo? –preguntó con insolencia.

El maestro dijo:

—Como la cera se derrite en la hoguera, así se disipan los méritos de las buenas acciones de las que uno se ufana.

REFLEXIÓN

Hay un yoga muy valioso, pero pocos en Occidente gustan de practicarlo. Y sin embargo es en Occidente donde más debería ser estudiado y puesto en la práctica. Me refiero al karma-yoga o yoga de la acción desinteresada, que tanto inspiró fecundamente a Gandhi. Es el yoga, asimismo, de la acción consciente, lúcida, precisa y diestra, pero a la vez más desinteresada y menos personalista. Este yoga nos enseña a valorar más el proceso que el fin de éste, más las obras que sus frutos. Se actúa por amor a la obra y el proceso ya es la meta. Se requiere atención consciente, precisión, ecuanimidad y paciencia. El karma-yogui, en lo posible, pone los medios para que los otros sean felices y les evita el sufrimiento. No se obsesiona por los resultados y jamás se envanece o alardea de ellos. Hace lo mejor que puede, pero no se deja alienar por la acción y se ejercita para ser contemplativo en la actividad, interiormente pasivo en la acción. Hace sin hacer y se mantiene establecido en su ser a pesar de la acción. No se impacienta, no se agita, no fuerza inútilmente los acontecimientos y sabe respetar el curso de los eventos. Vivakananda decía: «Trabajad por amor al trabajo. Hay en cada país unos pocos seres humanos que son, realmente, la sal de la tierra y trabajan por amor al trabajo, sin preocuparse del renombre ni la fama, ni siquiera de ir al cielo. Trabajan simplemente porque de ello resulta el bien».

¿Acaso sois Jueces?

 Eran unos discípulos que llevaban muchos años con su maestro, pero que no podían corregir tener la lengua demasiado ligera y utilizarla a veces como una daga. Se juzgaban alegremente unos a otros, criticaban y censuraban por sistema y habían hecho de todo eso su diversión favorita. Incluso llegaron a criticar más o menos veladamente a su propio maestro. Como éste sabía que todos eran bastante inclinados a la censura fácil y gratuita, intuyó que él mismo también era diana de sus comentarios. Les llamó cierto da y les dijo:

—¿Acaso sois jueces u os gusta ejercer como tales? ¿Habéis estudiado leyes y por eso os place tanto actuar como jueces?

Los discípulos enrojecieron de vergüenza y se quedaron muy turbados y vacilantes, sin saber qué responder. El mentor agregó:

—Os he enseñado muchas cosas, pero os voy a enseñar hoy unas cuantas más, aunque no parecéis aprender fácilmente, mis queridos jueces. ¿Sabéis algo importante? Al criticar a los demás, os estáis criticando a vosotros mismos. Si destacáis lo peor de los otros, es que sólo veis lo peor en vosotros mismos. En vuestra mirada hay fealdad porque vuestra mente y vuestro corazón son feos. Si después de tanto tiempo no habéis mejorado, no merecéis ser mis discípulos ni yo merezco teneros como tales.

Y el maestro se retiró a una ermita situada en las altas cumbres.

REFLEXIÓN

¡Podemos llegar a ser tan indulgentes y permisivos con nosotros mismos y tan implacables con los demás...! Nos gusta ejercer como jueces y con la misma ligereza culpamos a los otros, los descalificamos o llegamos incluso a calumniarlos, del mismo modo que los elogiamos sin sentido o por obtener algún beneficio del halago. No es de extrañar que en el *Dhammapada* podamos leer: «No hubo nunca, ni habrá, ni hay ahora nadie, que pueda encontrarse en este mundo que deje de culpar o elogiar a otros». Por eso hay que ser indiferente al elogio y al insulto de los demás, pero hay que tratar de no ceder a la contumaz tendencia de erigirse uno en juez de los otros e intentar ser más comprensivos y tolerantes.

Los dos Eremitas Pacíficos

 Se trataba de dos eremitas que lleva-
ban años ejercitándose en la quietud
de la mente y la generosidad del
espíritu. Vivían en el bosque desde
hacía años y nunca habían discutido.
Un día, uno de ellos, por diversión,
le dijo al otro:

—¿Por qué no discutimos un poco, como hace todo
el mundo, ya que nosotros nunca lo hemos hecho?

—Si te empeñas –dijo el compañero–. Sí, tienes
razón, nunca hemos discutido ni regañado por nada.

—Pues ahora yo coloco esta escudilla entre nosotros,
digo que es mía y tú afirmas que es tuya, y comenzamos
discutir, ¿te parece?

—De acuerdo.

El eremita que había tenido la idea dijo:

—Esta escudilla es mía.

El compañero replicó:

—No, es mía.

Y el otro dijo:

—Sí, es tuya.

REFLEXIÓN

«No soy libre para ser violento, cruel, malevolente», confesó en una ocasión un maestro. ¡Cuánta razón tenía! Ejercitado en el sosiego, el espíritu de la no violencia y la compasión, ya no tenía capacidad para ser agresivo. Si uno se ha adiestrado en la genuina virtud y ha logrado el entendimiento correcto, aun proponiéndoselo no puede ejercer ningún tipo de acción agresiva. Será firme, pero no hostil; será fuerte interiormente, pero no agresivo. El que ha conseguido ver desde la sabiduría no puede herir a los otros sin dañarse a sí mismo; el que ha erradicado la tendencia latente de la ira no puede airarse, porque la mansedumbre palpita en su aliento.

$\mathcal{G}$enerosidad

Era un maestro con fama de santi-
dad y sobre todo de generosidad.
Iba un día paseando por el jardín de
su anfitrión cuando observó que un
criado recibía un plato con su ración
de comida diaria y un trozo de pan.
Un perro que husmeaba por allí se aproximó al criado y
éste le dio el pedazo de pan. El animal se lo comió con
avidez y a continuación el hombre le dio toda la comida que
había en su plato y que era su ración de alimento para toda
la jornada. El maestro se acercó al criado y le preguntó:

—¿Cuál es tu ración diaria?

—La que le he dado al perro, señor –respondió.

—¿Y por qué en lugar de dársela al perro no te la has
comido tú?

—Porque este animal ha venido de fuera y, como hay que ser hospitalario con el visitante, he pensado que tendría hambre y le he dado el pan.

El maestro volvió a preguntar:

—¿Y por qué el plato de comida?

El criado repuso:

—Muy simple: porque tenía más hambre.

Desde ese día el maestro le pidió a todo el mundo que nunca volvieran a concederle a él el título de generoso.

REFLEXIÓN

La más bella y fecunda expresión de generosidad no es dar de lo que te sobra, sino incluso de lo que te falta. Todas las desigualdades de este mundo desaparecerían de haber generosidad, y ésta parte de la genuina compasión y la benevolencia. Mi entrañable y admirado amigo, el venerable Nyanapoka Thera, al que entrevisté varias veces en su ermita cercana a Kandy en Sri Lanka, escribía: «El mundo sufre, pero la mayoría de las personas tienen los ojos y los oídos cerrados. No ven la corriente incesante de lágrimas que fluyen durante toda la vida, no oyen los gritos de dolor que constantemente saturan el mundo. Sus propias minúsculas penas y alegrías nublan su vista y ensordecen sus oídos; debido a su egoísmo, sus corazones se han vuelto duros y correosos y, siendo así, ¿cómo podrían conmoverse ante una meta más alta?, ¿de qué manera podrán darse cuenta de que la única forma de liberarse del sufrimiento es liberándose de su egoísmo?».

Muchas personas son tan ávidas que ni siquiera dan un minuto de su tiempo y no son capaces de compartir absolutamente nada. Son egoístas y ávidas, y se pierden así el disfrute y la oportunidad de dar y compartir. El que da es el que, de acuerdo con los antiguos sabios orientales, debería estar agradecido por la ocasión que se le ha presentado de poder desarrollar su compasión y abrir su corazón dando. Una mente guiada por la avidez condicionará palabras y actos, y los teñirá con la fea y miserable actitud de la avaricia, pero una mente orientada por la generosidad esmaltará de benevolencia y ternura los actos verbales y corporales.

Accesos de Ira

Era un hombre que tenía recurrentes accesos de gran ira que no lograba controlar. Muy preocupado por ello, se enteró de un sabio que podía aconsejarle y que vivía en la cima de una colina. Decidió acudir a visitarle. Una vez ante él le expuso el problema. El sabio dijo:

—Amigo mío, hasta que vea tu ira, no puedo aconsejarte. Cuando tengas un acceso de furia, ven y muéstramela.

Unos días después, el hombre sintió mucha ira y fue a visitar al sabio, pero cuando llegó ya se le había pasado.

—Así no puedo aconsejarte. Necesito verte airado. La próxima vez ven más pronto.

Unos días después, cuando el hombre fue de nuevo anegado por la ira, salió corriendo hacia el lugar donde se encontraba el sabio, pero nuevamente, al llegar, ya no la sentía.

—¡Vaya! –exclamó el sabio–. Tendrás que venir más rápido cuando vuelva a venirte la ira.

Unos días después, en cuanto sintió ira, el hombre salió corriendo tanto como pudo. Jadeante y exhausto, llegó a la cima de la colina, pero ya no tenía ira.

Y el sabio le dijo:

—¿Lo ves? La ira no te pertenece. Viene y se marcha, como una ola sube y baja. Lo que tienes que hacer es no dejarte atrapar por esa ola y mantener la quietud a pesar de la ola de la ira.

REFLEXIÓN

El sabio aconsejó perfectamente al hombre y la actitud por él recomendada es aplicable a todos los estados aflictivos mentales o emocionales, sea la ira, el odio, los celos, el miedo, la vanidad u otros. Esos estados vienen y se marchan, y lo importante es permanecer en el propio ángulo de quietud, muy vigilante y aplicando la ecuanimidad para no dejarse arrastrar, pues si uno se identifica con ellos es cuando pierde toda la presencia de sí y se convierte en una masa de ira, odio, celos o envidia. Aunque al principio uno fracasará en el intento, ejercitándose en esa atención serena y ecuánime, logrará ir manteniéndose en quietud a pesar de esos estados, evitando reaccionar gracias a la energía inquebrantable de la ecuanimidad. También hay que esforzarse por desarrollar estados mentales positivos, pues los negativos son la ausencia de éstos.

En Busca del Maestro

 Llevaba diez años en busca de un maestro espiritual, recorriendo los caminos de la India. Decidió adentrarse en los altos Himalayas para ver si en esas remotas tierras le era dado conocer a un verdadero maestro. Estaba atravesando uno de los colosales valles himalayos cuando se encontró con un anciano que, al igual que él, hacía el camino a pie. Durante días los dos hombres caminaron juntos. Llegó la hora de la despedida y el joven le comentó al anciano:

—Ha llegado el momento de separarnos. Debo seguir con mi incansable búsqueda de un genuino maestro y ya se ha prolongado a lo largo de diez años. ¿Y tú? ¿Qué harás?

El anciano repuso:

—Lo que vengo haciendo desde hace veinte años. Tratar de encontrar un genuino discípulo.

REFLEXIÓN

La antigua instrucción reza: «Si el discípulo está preparado, aparecerá el maestro». Pero igual que no es fácil hallar un maestro realizado, tampoco lo es encontrar un discípulo verdadero, maduro y con inquebrantables aspiraciones hacia la liberación de la mente y la paz interior. El maestro exterior sólo constela al maestro interior; el sabio que podemos hallar fuera es el reflejo de nuestro sabio interior. Si tuviéramos todos la motivación de Lalla, lo mejor de nosotros afloraría y nos dictaría su perenne sabiduría. Lalla declaraba: «Apasionado, con el anhelo pintado en los ojos, buscando y escudriñando noche y día, he aquí que, al fin, contemplo al Verdadero, al Sabio, que en mi propia casa (el ama) llena por completo mi visión. Ése fue el día de mi buena estrella. Sin aliento, le retuve para que fuese mi Guía. Así, mi Lámpara de Conocimiento brilló lejos, avivada por el suave aliento de mi boca. Entonces, revelada a mi Ser mi alma resplandeciente, proyecté hacia fuera mi Luz interior y, disipada la oscuridad en torno a mí, sujeté firmemente la Verdad».

El Samurai

 Un aguerrido samurái fue a visitar a un anciano sabio para exponerle una duda que le atormentaba desde hacía mucho tiempo.

—Señor –dijo–, me hallo aquí porque necesito saber si existen el cielo y el infierno.

—¿Quién lo pregunta? –dijo el sabio.

—Un samurái –respondió orgulloso el guerrero.

—¿Y tú con este aspecto eres un samurái? Seguro que no eres más que un necio y un cobarde.

El samurái, encolerizado, desenvainó al pronto el sable, momento en el que el sabio dijo:

—Ahora se están abriendo las puertas del infierno.

El samurái tuvo un punto de comprensión clara y recuperó el sosiego, a la par que enfundaba, avergonzado, el sable, y el sabio aseveró:

—Ahora se están abriendo las puertas del cielo.

El samurái hizo una solemne reverencia ante el sabio y dijo:

—Gracias, señor, habéis contestado a mi pregunta con enorme sabiduría.

El samurái dejó su oficio y vivió en paz.

REFLEXIÓN

Un antiguo adagio reza: «Estamos en el camino para ayudarnos. No hay otra cosa que el amor». Como indico en mi relato *El faquir*, lo único que distingue a un ser humano sobre otro es su bondad primordial. Cuantas más personas bondadosas halla, un mundo menos hostil y más justo podrá irse construyendo. El egoísmo, la ofuscación, la ira, el odio, los celos, la envidia, la rabia, la avidez y la malevolencia representan la vía hacia el infierno interior y exterior, en tanto que la compasión, el amor, la indulgencia, la alegría compartida, el sentido de solidaridad y cooperación son el camino directo hacia el paraíso interior y exterior. Si algo necesita este mundo convulso es amor; si algo requiere esta sociedad atrozmente competitiva y orientada hacia la posesividad y la hostilidad, es compasión. Nisargadatta aseveraba: «Sin amor, todo es mal. La vida misma sin amor es un mal». La indulgencia es un don; la benevolencia, un tesoro. Buda decía: «Esparce tus pensamientos amorosos como pétalos de flor en todas las direcciones». Se conquista al que se odia mediante la compasión, como al desasosegado mediante el sosiego. En el *Dhammapada* se nos instruye: «Verdaderamente felices vivimos sin odio entre los que odian. Entre seres que odian, vivamos sin odio». Para Buda existen cuatro cualidades tan sublimes que las denomina «las cuatro santas moradas». Se trata del amor, la compasión, la alegría por el bienestar de los otros y la ecuanimidad. A su hijo Rahula le exhortaba así: «Desarrolla la meditación sobre la benevolencia, Rahula, pues con ella se ahuyenta la mala voluntad. Desarrolla la meditación sobre la compasión, Rahula, pues con ella se ahuyenta la crueldad. Desarrolla la meditación sobre la alegría compartida, Rahula, pues con ella se ahuyenta la aversión. Desarrolla la meditación sobre la ecuanimidad, Rahula, pues con ella se ahuyenta el odio».

El Atavío

Un hombre fue invitado a comer en la lujosa mansión de unas personas muy acaudaladas. Llegó a la reunión ataviado con unas prendas muy sencillas y se percató de que los anfitriones disimulaban para evitar saludarle. Dejó durante unos minutos la reunión, se desplazó a su casa y se envolvió en una lujosísima y muy cara túnica de la mejor seda que uno pudiera imaginar. Volvió a la mansión y nada más entrar los anfitriones se aproximaron a él y le saludaron con enorme deferencia, respeto y cordialidad, invitándole a pasar al comedor.

El invitado accedió al comedor y le pidieron que presidiera la mesa, indicándole su silla. El hombre, ante la perplejidad y vergüenza de todos los presentes, se quitó presto la túnica, la arrojó sobre la silla y dijo:

—Puesto que es la túnica la que os inspira deferencia, respeto y cordialidad, aquí os la dejo y yo me marcho. ¿Por qué, amigos, no organizáis una comida de túnicas?

Se dio media vuelta y partió.

REFLEXIÓN

En la sociedad se valora a las personas por lo que tienen o aparentan, pero no por lo que son. Una sociedad hasta tal punto insustancial sólo se orienta hacia el envanecimiento y no valora a los seres humanos por sí mismos, sino por sus pertenencias. Al ponerse el énfasis en la personalidad (persona: máscara), no se repara en lo esencial. Los que así proceden son víctimas ellos mismos de su propia banalidad, y viven de espaldas a su sol interior y al de los demás.

El Yogui y el Erudito

Se trataba de un erudito muy pagado de sí mismo, que siempre estaba haciendo gala de sus conocimientos de todo orden, menospreciando a aquellos que no eran tan cultos como él. Escuchó hablar de un yogui y acudió a visitarlo, pero no para interesarse por él o preguntarle algo sobre la ciencia espiritual, sino para jactarse de sus conocimientos.

—No hay rama de la ciencia o de la filosofía que no haya estudiado a fondo. Soy una biblioteca viviente. Mis conocimientos con incalculables.

El yogui le miró directamente a los ojos y le gritó:

—¡Necio ignorante!

El erudito se descompuso, llenándose de ira. Se lanzó contra el yogui y comenzó a golpearlo una y otra vez, hasta quedar ahíto. Después de haber sido maltratado, el yogui le sonrió y el erudito se quedó petrificado al comprobar la serenidad de ese hombre, que le dijo sosegadamente:

—Has aprendido mucho, sin duda, pero no a controlar tu mente ni sus reacciones. Sabes mucho, pero no eres un hombre de paz.

El erudito se postró ante el yogui y le suplicó perdón. Después se marchó avergonzado.

REFLEXIÓN

No hay saber más alto que el de poder sustraerse a las reacciones negativas y a las emociones perniciosas. Si lo conoces todo y no te conoces a ti mismo, eres un mísero ignorante. La inteligencia primordial no es conocimiento libresco, erudición o acumulación de datos, sino la visión esclarecida que pone en marcha la maravillosa potencia de la compasión. Se puede aprender más sobre uno mismo en una hora de meditación que en mil horas de lecturas. Para el que sabe ver, todo adquiere un sentido que escapa a la simple erudición. Ésta en sí misma no transforma, y una enciclopedia viviente puede ser una masa de desorden y sufrimiento para sí misma y para los otros. Es un sabio no el que acumula conocimientos, sino el que se libera de las ataduras de la mente y supera las ilusiones del ego; es un sabio el que en su propio corazón siente el corazón de todas las criaturas y permanece inmutable ante los acontecimientos, sin perder su eje de quietud; es un sabio el que se libra de las redes de la ignorancia, no a través de conocimientos, sino de experiencias profundas que lo transforman y permiten que resplandezca la luz interior.

Índice